Klaus Niedermair

Eine kleine Einführung in Wissenschaftstheorie und Methodologie

für Sozial- und Erziehungswissenschaftler/innen

Alle Rechte, insbesondere das Recht der Vervielfältigung, der Verbreitung, der Speicherung in elektronischen Datenanlagen sowie der Übersetzung, sind vorbehalten.

Copyright© 2010
STUDIA Universitätsverlag,
Herzog-Sigmund-Ufer 15, A-6020 Innsbruck
Umschlaggestaltung und Layout: Die Herausgeber
Druck und Buchbinderei:
STUDIA Universitätsbuchhandlung und –verlag,
Printed in Austria 2010
ISBN 978-3-902652-18-8

Inhaltsverzeichnis

1. Einleitung 5
2. **Grundbegriffe** 9
   2.1. Wissenschaft und Wissenschaftstheorie 9
   2.2. Perspektivenwechsel im Alltag 12
   2.3. Wissenschaftsforschung 14
   2.4. Fragestellungen der Wissenschaftstheorie 16
   2.5. Übung: Textlektüre 27
   2.6. Rückschau, Vorschau, Einstieg 32
   2.7. Nochmals anhand des Praxisbeispiels: Warum Wissenschaftstheorie? 35
3. **Hermeneutik: *Verstehen*** 43
   3.1. Verstehen, Bedeutung, Handlung 43
   3.2. Der hermeneutische Zirkel 47
   3.3. Abduktion 49
   3.4. Vorteile und Nachteile der hermeneutischen Position 60
   3.5. Übung: Textlektüre 63
   3.6. Qualitative Forschungsmethoden 65
   3.7. Übung: Textlektüre 69
   3.8. Vertiefung: Grounded Theory 74
4. **Kritischer Rationalismus: *Erklären*** 83
   4.1. Erklärung, Prognose, Technologie 83
   4.2. Das Induktionsproblem und die Falsifizierbarkeit 90

4.3.	Die Werturteilsfreiheit der Wissenschaft	94
4.4.	Vorteile und Nachteile des Kritischen Rationalismus	95
4.5.	Quantitative Forschungsmethoden	97
4.6.	Der Forschungsprozess	101
5.	**Kritische Theorie:** *Verändern*	**105**
5.1.	Kritische Theorie versus traditionelle Theorie	105
5.2.	Exkurs: Normenbegründung	107
5.3.	Textlektüre: Immanuel Kant: Beantwortung der Frage: Was ist Aufklärung?	110
5.4.	Der herrschaftsfreie Diskurs	114
5.5.	Übung: Der Habermas'sche Diskurs	115
5.6.	Die Erkenntnisinteressen der Wissenschaften	118
5.7.	Die Dialektik als Methode	118
5.8.	Handlungsforschung	120
6.	**Zwischen-Resümee anhand des Praxisbeispiels**	**123**
7.	**Weitere Positionen und Ausblick**	**130**
7.1.	Systemtheorie	132
7.2.	Postmoderne	138
7.3.	Radikaler Konstruktivismus	140
8.	**Literaturhinweise**	**150**

1. Einleitung

Stellen Sie sich vor, Sie schauen an einem Winterabend aus dem Fenster, es schneit: Was ist das, was vom Himmel fällt? Schnee.

Durch die Bezeichnung *Schnee* können wir das, was da vom Himmel fällt, *erkennen*. Mit dieser Bezeichnung *unterscheiden* wir den Schnee von möglichen anderen Dingen, die auch vom Himmel fallen: Regen, Hagel, Meteoriten ...

> Wirklichkeit wird durch Unterscheidungen erzeugt, *konstruiert*.
> Wir erkennen etwas, indem wir Unterschiede machen.

Stellen Sie sich jetzt vor, Sie machen eine Schitour in den Bergen. Dann können Sie sicher auch mehrere *Arten* von Schnee unterscheiden: Firn, Harsch, Eisschnee (?)...

> Es gibt unterschiedliche Unterscheidungen. Das sind unterschiedliche Formen, wie wir die Wirklichkeit sehen.

Wirklichkeit kann also durch unterschiedliche Unterscheidungen unterschiedlich *konstruiert* werden.

Der Sprachphilosoph Benjamin Lee Whorf (1984) zeigt das sehr gut in seinem Buch "Sprache-Denken-Wirklichkeit", u.a. auch am Beispiel des Begriffs *Schnee*:

"Die Hopis nennen Insekten, Flugzeuge und Flieger alle mit dem gleichen Wort und sehen darin keine Schwierigkeit. Uns erscheint diese Klasse zu groß und umfassend, aber nicht anders erscheint den Eskimos unsere Klasse ‚Schnee'. Wir haben nur ein Wort für fallenden Schnee, Schnee auf dem Boden, Schnee, der zu eisartiger Masse zusammengedrückt ist, wässrigen Schnee, windgetriebenen,

1. Einleitung

fliegenden Schnee usw. Für einen Eskimo wäre dieses allumfassende Wort nahezu undenkbar. Er würde sagen, fallender Schnee, wässriger Schnee etc. sind wahrnehmungsmäßig und verhaltensmäßig verschieden, d.h. sie stellen verschiedene Anforderungen an unser Umgehen mit ihnen. Er benützt daher für sie und andere Arten von Schnee verschiedene Wörter."

> Um Dinge erkennen zu können, benötigen wir Möglichkeiten von Unterscheidungen. Es gibt offenbar unterschiedliche Möglichkeiten, Dinge zu unterscheiden und zu erkennen.

Aber von was hängt es ab, *welche* Unterscheidungen wir kennen und verwenden? Offenbar von vielen Faktoren: Von der Situation, in der wir uns befinden, von der Kultur, in der wir aufwachsen, von der Sprache, die wir sprechen, von unserer Persönlichkeit ...

Die Eskimo bspw. kennen in ihrer Kultur und in ihrer Sprache mehrere unterschiedliche Bezeichnungen für Schnee, weil diese Unterschiede der Schneekonsistenz für sie überlebenswichtig sind. Und sicher gibt es auch bei den Eskimo zwanghafte Persönlichkeiten, die diese Unterscheidungen noch etwas genauer nehmen...

Noch ein Beispiel: Beschreiben Sie dieses Glas Wasser:

Wahrscheinlich haben die meisten von Ihnen dieses Glas als *halb voll* beschrieben – man könnte es aber auch als *halb leer* beschreiben!

1. Einleitung

Das ist doch dasselbe Glas Wasser? Und *halb voll* und *halb leer* drücken ja im Hinblick auf die Quantität des im Glas befindlichen Wassers dasselbe aus!

Und doch gibt es auch Unterschiede in diesen Unterscheidungen: Einmal – so wird das häufig erklärt – spricht der Optimist und einmal der Pessimist.

Man kann auch sagen, sie haben eine unterschiedliche *Philosophie*, die Welt zu sehen, und verwenden dafür unterschiedliche *Methoden*. „Die Welt des Glücklichen ist eine andere als die des Unglücklichen", schrieb Ludwig Wittgenstein in seinem *Tractatus logico-philosophicus*, sie verwenden jeweils eine andere Sprache, und (wieder Wittgenstein): „Die Grenzen meiner Sprache sind die Grenzen meiner Welt."

Genauso wie wir in der Alltagserkenntnis *dieses eine Glas* entweder halb voll oder halb leer sehen können, können wir in der Wissenschaft *ein und denselben Gegenstand* unterschiedlich theoretisch beschreiben und erklären.

Stellen Sie sich die folgende Situation vor:

> Schüler warten in der Pause auf die Rückgabe der Mathematik-Schularbeit, teilweise sind sie aggressiv und laufen herum, ein Schüler steht still und bleich in der Ecke.

Sie haben angesichts dieses Sachverhaltes vielleicht eine Reihe von Vermutungen, Fragen, Hypothesen, Alltagstheorien und wissenschaftlichen Theorien.

Welche? Formulieren Sie mindestens drei Möglichkeiten!

Welche Unterschiede erkennen Sie zwischen diesen „Theorien"?

...

1. Einleitung

Und wenn Sie sich nun wirklich wundern,

- dass es *unterschiedliche* Theorien über einen Forschungsgegenstand geben kann (z.B. über diese Situation) und nicht nur einfach *eine*,
- wenn sie dann *über* diese Unterschiede reflektieren,
- und wenn Sie dies vielleicht damit begründen, dass dabei *unterschiedlich* (mit unterschiedlichen Perspektiven, Interessen usw.) an den Forschungsgegenstand herangegangen wird,

dann *ist* das Wissenschaftstheorie und Methodologie.

Dieses Buch ist entstanden in meiner Tätigkeit als Lehrender am Institut für Erziehungswissenschaften der Universität Innsbruck und im Lehrgang "Grundlagen der Human- und Sozialwissenschaften" in Schloss Hofen Vorarlberg. Ich danke den Studierenden für Interesse und Diskussion.

2. Grundbegriffe

2.1. Wissenschaft und Wissenschaftstheorie

Aber nehmen wir unser *Praxisbeispiel* – es stammt übrigens aus dem „Studienbuch Pädagogik" von Kaiser & Kaiser (1999) – genauer unter die Lupe.

Diese Situation könnte sich tagtäglich in irgendeiner Schule ereignen; vielleicht haben Sie selbst eine ähnliche Situation bereits einmal oder öfters erlebt, als Schüler/in oder später als Lehrer/in.

Auf dieses Praxisbeispiel werden wir im Folgenden immer wieder zurückkommen, um zu verdeutlichen, wie Wissenschaft vorgeht und von welchen Voraussetzungen sie dabei ausgeht.

Nun wollen wir uns *wissenschaftlich* mit dieser Situation auseinandersetzen, z.B. aus erziehungswissenschaftlicher Sicht.

Was bedeutet das?

(1) Die *Erziehungswissenschaft* bezieht sich auf die Erziehungswirklichkeit, auf die Handlungsfelder von Erziehung, Bildung, Sozialisation. Sie formuliert Theorien und Hypothesen, mit deren Hilfe erzieherische Wirklichkeit verstanden, erklärt und verändert werden kann. Mithin könnte die beschriebene Situation – unser Praxisbeispiel – ein *Forschungsgegenstand* einer erziehungswissenschaftlichen Betrachtung sein.

Allgemein gefasst, kann man formulieren: Die Wissenschaft, d.h. die vielen unterschiedlichen Wissenschaftsdisziplinen, untersuchen, analysieren, beschreiben, erklären einen *Forschungsgegenstand*. Wissenschaft bezieht sich immer auf einen *Gegenstandsbereich*, auf einen Erfahrungs– und Wirklichkeitsausschnitt.

---

(1) Bezug der Theologie – Gott? – Offenbarung? Glaube? Lehre der Kirche? Religion? Äußerungen des Glaubens?
Prakt. Theolog. – Handlungsfelder der Kirche? des Glaubens? Kirchl. Praxis? Relig. Praxis allgem.?

2. Grundbegriffe

> Ziel von Forschung ist es,
> - Theorien zu *entwickeln* (zu finden, zu erzeugen, zu generieren)
> - und/oder zu *überprüfen* (zu bewähren, zu verifizieren, zu falsifizieren)
>
> Theorien bestehen aus Hypothesen. *Hypothesen*
> - sind Aussagen, die einen (kausalen) Zusammenhang zwischen zwei oder mehr Merkmalen behaupten,
> - sind allgemeingültig: Sie enthalten Behauptungen, die auf mehr als einen Sachverhalt gelten,
> - haben die Form eines „Wenn-dann-" oder „Je-desto-"Satzes,
> - und sind falsifizierbar, d.h. sie müssen durch Tatsachen widerlegbar sein.

Sie werden jetzt fragen: Aber was ist *Wissenschaftstheorie*?

Wir betreiben Wissenschaftstheorie, wenn wir *über* die Wissenschaft sprechen, und zwar entweder über eine Einzelwissenschaft, bspw. die Erziehungswissenschaft, oder über die Wissenschaft im Allgemeinen. Also ist das, was Sie gerade gelesen haben (insbesondere die beiden letzten Absätze), bereits Wissenschaftstheorie.

> **!**
>
> Gehen Sie nochmals an den Anfang und versuchen Sie, diese Absätze bewusst als Wissenschaftstheorie (als Theorie *über* Wissenschaft) zu lesen.
>
> Sie werden vielleicht feststellen, dass ein langsameres Tempo sinnvoll ist. Wissenschaftstheorie ist keine Fastfood-Wissenschaft und sie erfordert präzise Begriffe und Formulierungen.
>
> Notieren Sie fortan alle Fremdwörter, die Ihnen nicht geläufig sind – schlagen Sie evtl. in einem Fremdwörterlexikon nach! Schreiben Sie auch alle Fragen auf, die Ihnen einfallen!

2. Grundbegriffe

In der Wissenschaftstheorie untersuchen wir nicht mehr einen konkreten Forschungsgegenstand, z.B. die gerade beschriebene Situation einer schulpädagogischen Wirklichkeit. Wir richten unsere Aufmerksamkeit auf die *Wissenschaft selbst*.

Wissenschaftstheorie bezieht sich darauf, *wie* sich die Wissenschaft oder einzelne Wissenschaften auf Gegenstände beziehen, *wie* sie sich dem Forschungsgegenstand nähern, *welche Verfahren* und *Methoden* sie dabei anwenden, *wie* sie Ihre Hypothesen und Theorien *begründen*.

> Das Objekt der Wissenschaftstheorie ist die Wissenschaft.

Wissenschaftstheorie kann sich auf die Wissenschaft im Allgemeinen beziehen, dann spricht man von der *Allgemeinen Wissenschaftstheorie*.

Oder auf eine Einzelwissenschaft – dann spricht man von der *Speziellen Wissenschaftstheorie*, z.B. der Erziehungswissenschaft.

Wissenschaftstheorie unterscheidet sich demnach prinzipiell von den *Einzelwissenschaften*, also den Wissenschaftsdisziplinen wie z.B. Erziehungswissenschaft, Physik, Betriebswirtschaftslehre.

Wissenschaftstheorie bezieht sich nicht direkt auf einen Erfahrungs- und Wirklichkeitsbereich, sondern sie ist *Reflexion über Wissenschaft*. Wissenschaftstheorie ist insofern eine *Meta-Theorie* – „*meta*" bedeutet u.a. „über", gemeint ist also eine Theorie *über* Theorie.

Die Wissenschaftstheorie liegt – in einer räumlichen Metapher gesprochen – „quer" zur Wissenschaft: Während die Bezugnahme der Wissenschaft auf die Wirklichkeit gleichsam *horizontal* erfolgt, steht die Wissenschaftstheorie *vertikal* dazu.

2. Grundbegriffe

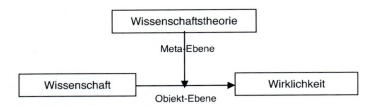

Abbildung: Die Wissenschaftstheorie bezieht sich darauf, wie sich die Wissenschaft auf die Wirklichkeit bezieht.

Die wissenschaftstheoretische Sichtweise beruht auf einem *Perspektivenwechsel* von der Objekt- auf die Meta-Ebene.

2.2. Perspektivenwechsel im Alltag

Um diesen Perspektivenwechsel leichter nachvollziehen zu können, wollen wir ihn mit ähnlichen Erfahrungen aus dem Alltagsleben vergleichen.

Im Alltagsleben und auch in der Wissenschaft handeln wir meistens in der Überzeugung, dass es um die *Dinge selbst* geht, nicht um die Art und Weise, *wie* wir sie erkennen oder *wie* wir über sie sprechen und kommunizieren.

Doch spätestens dann, wenn wir die Erfahrung machen, dass es *Unterschiede* gibt in der Art und Weise, die Dinge zu erkennen, zu beschreiben und über sie zu sprechen, und dass jemand etwas ganz anders sieht wie wir selbst, erkennen wir auch, dass es sinnvoll und notwendig ist, über die *Gründe* für diese Unterschiede nachzudenken – und nehmen einen Perspektivenwechsel vor.

Solche, zum Teil auch schmerzhafte Erfahrungen machen wir oft, vor allem im Zusammenleben mit anderen Menschen, in der sozialen Wirklichkeit. In zwischenmenschlichen Beziehungen – in Partnerschaft und Familie, im Arbeits- und Berufsleben, in der Politik – gibt es immer wieder Konfliktsituationen, in denen wir uns schwer verständigen können darüber, was eigentlich das Thema und das Problem ist, noch bevor wir uns auf die Lösungen konzentrieren.

Jeder Mensch geht – bedingt durch seine Persönlichkeit, durch unterschiedliche Herkunft und Geschichte, Sozialisation und Bildung usw. – auf *seine* Art und Weise an die Dinge heran, geht von *seinen* Voraussetzungen aus, die sich von denen seiner Mitmenschen unterscheiden können, und hat dabei *seine* blinden Flecken, die ihm in ihrer ganzen Tragweite nicht bewusst sind.

Menschen sind in der sozialen Wirklichkeit, was ihre eigenen Voraussetzungen, ihre Optik, ihre Philosophie angeht, „betriebsblind". Daraus können Konfliktsituationen entstehen.

Eine Möglichkeit, Konflikte zu lösen, besteht nun darin, gerade so einen *Perspektivenwechsel* vorzunehmen, sich kurzfristig von den vermeintlich klaren Dingen zu distanzieren und gemeinsam über die Voraussetzungen nachzudenken, warum man sie jeweils so und nicht anders sieht oder sehen will, also sich zu verständigen über die unterschiedlichen Orientierungen, Motivationen, Interessen usw.

Dies ist ein Perspektivenwechsel von der *Kommunikation* zur *Metakommunikation*. Dabei tut man tendenziell das Gleiche wie der Wissenschaftler, der wissenschaftstheoretisch über Wissenschaft reflektiert: Es wird eine Meta-Perspektive eingenommen.

> Wissenschaftstheorie verhält sich zu Wissenschaft wie Metakommunikation zu Kommunikation.

Eine bewährte Lösungsstrategie für solche Konflikte besteht insbesondere darin, dass man in einer metakommunikativen Betrachtungsweise zwischen Inhalts- und Beziehungsebene (Watzlawick) unterscheidet.

Es ist mittlerweile Allgemeingut und Teil unserer psychologischen Alltagstheorien, dass es nicht nur wichtig ist, *was* wir kommunizieren, sondern auch *wie* wir kommunizieren, ja dass das Wie der Kommunikation weitgehend das Was bestimmt.

In einer Kommunikationssituation werden nicht nur Inhalte, sondern auch Botschaften im Hinblick auf die Beziehung der Kommunikationspartner kommuniziert, und gerade diese sind meist der Stoff, aus dem Konflikte, aber auch Solidarität und Motivation für gemeinsame Projekte entstehen können.

Beide Ebenen – Inhaltsebene und Beziehungsebene – sollten im Idealfall übereinstimmen, was meist jedoch nicht der Fall ist. Es gibt sogar den Extremfall, dass sich die Botschaften beider Ebenen widersprechen – man spricht dann von einem *Double–bind*.

Die Lösung kann darin bestehen, die Perspektive zu erweitern, also nicht mehr nur *sachorientiert* zu diskutieren, denn da gibt es keine Lösung, jeder äußert weiter beharrlich seine Meinung, das bleibt ein Mehr-Desselben – sondern in einer Metaperspektive über die *Art und Weise* der Kommunikation und die Voraussetzungen, die die Kommunikationspartner jeweils einbringen, zu reflektieren.

2.3. Wissenschaftsforschung

Neben Wissenschaftstheorie gibt es noch andere Wissenschaften, die sich auch mit der Wissenschaft als Forschungsgegenstand selbst befassen. Dies sind Einzelwissenschaften, deren Thema das Umfeld, die Bedingungen und Voraussetzungen von Wissenschaft ist. Dabei kann es um den Wissenschafts- und Forschungsbetrieb gehen, bspw. die Universität, um die Akteure des Wissen-

schaftsbetriebes, um die Forschungs- und Hochschulpolitik usw., jeweils unter verschiedenen Aspekten:
- einmal *soziologische*: Die Wissenschaftssoziologie befasst sich mit den sozialen, institutionellen Bedingungen des Wissenschaftsbetriebes. Z.B. kann man die Bedingungen des universitären Wissenschaftsbetriebes soziologisch untersuchen im Hinblick auf Arbeitsbedingungen der Wissenschaftler, Karrierechancen usw.
- oder *psychologische* Aspekte, wenn es z.b. um Persönlichkeitsmerkmale oder Biographien von Wissenschaftlerinnen und Wissenschaftlern geht
- oder *geschlechterdifferenzierende* Aspekte, wenn es um geschlechtsspezifische Bedingungen des Wissenschaftsbetriebs geht, bspw. unterschiedliche Karrierechancen von Frauen und Männern im universitären Wissenschaftsbetrieb usw.
- oder *ökonomische* Aspekte, wenn es um ökonomische Bedingungen des Wissenschaftsbetriebes geht (Wissenschaftsförderung usw.) – diese Perspektive wird ja immer wichtiger.

Diese Einzelwissenschaften gehören zur *Wissenschaftsforschung* – und nicht zur Wissenschaftstheorie. Das Verhältnis von Wissenschaftsforschung und Wissenschaftstheorie ist jenes zwischen Theorie und Meta-Theorie; Wissenschaftsforschung untersucht einen empirischen Forschungsgegenstand, die Wissenschaftstheorie untersucht hingegen, *wie* Wissenschaftsforschung ihren Forschungsgegenstand untersucht.

Im Folgenden werden wir uns fast ausschließlich auf die Wissenschaftstheorie und Methodologie beschränken: Nebenbei werden auch Fragen der Wissenschaftsforschung angesprochen, wo es um die Entdeckung und Verwertung von wissenschaftlichen Theorien geht.

2. Grundbegriffe

> Worin unterscheiden sich Wissenschaft und Wissenschaftstheorie?
>
> Worin besteht der Unterschied zwischen Allgemeiner und Spezieller Wissenschaftstheorie?
>
> Warum kann man sagen: Metakommunikation verhält sich zu Kommunikation wie Metatheorie zu Theorie bzw. wie Wissenschaftstheorie zu Wissenschaft.

2.4. Fragestellungen der Wissenschaftstheorie

Was sind nun die wichtigsten Merkmale der Wissenschaftstheorie, ihre *differentia specifica* (ihr spezifischer Unterschied) zu den Einzelwissenschaften wie Erziehungswissenschaft, Physik, Wissenschaftssoziologie usw. ?

Die Wissenschaftstheorie ist die Analyse der Wissenschaft (einer Einzelwissenschaft) unter anderem im Hinblick auf die folgenden Dimensionen:

- Konstituierung des *Gegenstandsbereiches*: Was ist der Gegenstand der jeweiligen Forschung? Wie kommt die Wissenschaft zu ihrem Gegenstand?
- *Zielsetzungen* und *Erkenntnisinteressen*: Soll die Theorie die Wirklichkeit beschreiben, erklären, oder verstehen oder auch verändern? Was tut die Wissenschaft mit ihrem Wissen?
- Leitende *Weltbilder*, Wirklichkeitsauffassungen, Menschenbilder, Art der Beziehung zwischen Erkenntnisobjekt und Erkenntnisobjekt, Forscher und Forschungsgegenstand.
- *Wissenschaftsverständnis*: Was gilt als Theorie, Modell, Hypothese, Begriff.
- *Begründungsverfahren*: Wann gilt eine wissenschaftliche Theorie als gesichert?

- Wahl der *Methoden* und *Verfahren:* Gilt es, den Forschungsgegenstand zu erklären oder zu verstehen? Also wie kommt die Wissenschaft zu ihren Erkenntnissen? Dies ist der Bereich der Methodologie.

Entsprechend einer gängigen Einteilung lassen sich die Fragestellungen der Wissenschaftstheorie auch den folgenden Zusammenhängen zuordnen:
- *Entdeckungszusammenhang:*
  Fragestellung: Wie kommt die Produktion wissenschaftlicher Aussagen zustande?
- *Begründungszusammenhang:*
  Fragestellung: Wie können die vorhandenen wissenschaftlichen Aussagen begründet und gerechtfertigt werden? Beispiel: Ist ein Modell widerspruchsfrei, erklärt es in zutreffender Weise die Wirklichkeit?
- *Verwertungszusammenhang:*
  Fragestellung: Wie werden die wissenschaftlichen Aussagen verwertet?
  Beispiel: Tragen Sozialtechniken, die aus den wissenschaftlichen Aussagen abgeleitet, zur Stabilisierung eines gesellschaftlichen Missstandes wie Luftverschmutzung bei?

2.1.1. Beispiel einer wissenschaftstheoretischen Betrachtungsweise

Der menschliche Körper ist der *Untersuchungsbereich* der Wissenschaftsdisziplin Medizin. Jedoch gibt es auch innerhalb der Medizin – abgesehen von den Spezialisierungen – unterschiedliche Teildisziplinen: die Anatomie, die Physiologie, die praktische Medizin, – die zwar denselben Untersuchungsbereich haben, aber jeweils einen anderen *Gegenstandsbereich*.

2. Grundbegriffe

Sie nähern sich dem Gegenstand unter verschiedenen Interessensgesichtspunkten und Zielsetzungen: Die Anatomie untersucht den Aufbau des menschlichen Körpers (Skelett, Muskeln usw.), die Physiologie untersucht seine Funktionsweise (Blutkreislauf. Nervensystem usw.), während die praktische Medizin auf Gesundheit bzw. Gesundung des Körpers orientiert ist.

Auch dort, wo es um Gesundheit geht, gibt es noch Unterschiede: Medizin kann prophylaktisch vorbeugend vorgehen oder erst ex post, nachdem jemand krank geworden ist, ein „Patient" ist – in beiden Fällen geht es jeweils um einen eigenen Gegenstandsbereich, um eine unterschiedliche Perspektive in der Herangehensweise an den Untersuchungsbereich, und damit auch um unterschiedliche *Erkenntnisinteressen*.

Auch in bezug auf das *Menschenbild* können sich die Wissenschaften unterscheiden: Einmal kann der Mensch bloß als Maschine gesehen werden, dessen Funktionsweise erklärt werden soll, dann aber wird beansprucht, ihn in seiner Eigenwirklichkeit zu verstehen, was z.B. von Interesse wäre, wenn es um die Frage geht, warum Menschen an bestimmten Krankheiten leiden.

In beiden Fällen kommen unterschiedliche *Methoden* zum Einsatz, bspw. werden Versuchsreihen aufgebaut und sogar am Menschen Experimente durchgeführt, um den Ursachen auf die Spur zu kommen, oder aber es werden die biographischen Hintergründe erkundet, wobei dann selbstverständlich methodisch gesehen nicht Experimente, sondern vielmehr Interviews und qualitative Auswertungen sinnvoll sind.

2.1.2. Die Ziele der Wissenschaftstheorie

Was folgt aus den genannten Dimensionen, in denen die Wissenschaftstheorie die Wissenschaften untersucht, im Hinblick auf die Ziele, welche die Wissenschaftstheorie dabei verfolgt?

2. Grundbegriffe

Wissenschaftstheorie als Reflexion von Wissenschaft, insbesondere
- des Gegenstandsbereiches,
- der Zielsetzungen und Erkenntnisinteressen,
- der Weltbilder, Menschenbilder,
- des Wissenschaftsverständnisses,
- der Begründungsverfahren,
- der Methoden,

verfolgt – modern formuliert – folgende Ziele:
- *Qualitätssicherung* von Wissenschaft,
- *Evaluation* und Kontrolle von Wissenschaft,
- *Innovation* von Wissenschaft.

2.1.3. Wissenschaftstheorie als Selbstreflexion der Wissenschaft

Wir sind hier an dem Punkt, wo wir die eingangs festgestellte Widersprüchlichkeit aufgreifen können: Einerseits sollten Wissenschaftstheorie und Wissenschaft voneinander getrennt werden, andererseits sollten beide – im Forschungsprozess – dennoch als Einheit gesehen werden.

Die Gründe für diese künstliche Trennung haben wir hinreichend benannt:
- Es ging darum, den Perspektivenwechsel von einer gegenstandsorientierten zu einer wissenschaftsorientierten Theoriearbeit klar zu machen;
- zudem war es wichtig, ein Kriterium zu gewinnen, anhand dessen sich unterscheiden lässt zwischen der Wissenschaftstheorie einerseits, der es um die für den Forschungsprozess letztlich relevanten Dimensionen geht, und jenen Wissenschaften andererseits, die sich mit eher äußerlichen Bedingungen des Wissenschaftsbetriebes beschäftigen.

Die Gründe dafür, das Wissenschaftstheorie und Wissenschaft eine Einheit sind, liegen jetzt auch auf dem Tisch: Im konkreten For-

schungsprozess geht es nicht nur darum, die Untersuchungen entsprechend den Methoden, für welche man sich entschieden hat, durchzuführen, sondern auch – begleitend dazu – diese Methoden zu *reflektieren* und ggf. auch zu modifizieren. Die wissenschaftliche Arbeit bewegt sich demnach permanent und gleichzeitig auf zwei Schienen:
- eine, die sich um die wissenschaftliche Erkenntnis des Forschungsgegenstandes bemüht,
- und eine andere, welche gerade diese Erkenntnis selbst zum Gegenstand der Reflexion macht.

D.h. es vollzieht sich laufend ein Perspektivenwechsel, einmal wird der Forschungsgegenstand zum Gegenstand der Untersuchung, dann wird der Forschungsprozess selbst zum Gegenstand der Reflexion. Wissenschaftstheorie – als Reflexion der Wissenschaft – ist somit *Selbstreflexion der Wissenschaft.*

Worin kann die wissenschaftssoziologische Untersuchung der Wissenschaft von der wissenschaftstheoretischen Reflexion unterschieden werden?

Warum leistet wissenschaftstheoretisch-methodologische Reflexion einen wichtigen Beitrag zu Evaluation und Qualitätssicherung von Wissenschaft?

Suche andere Beispiele von Wissenschaftsdisziplinen (analog wie Medizin, Anatomie usw.), die zwar denselben Untersuchungsbereich, aber einen unterschiedlichen Gegenstandsbereich haben, insofern sie verschiedene Erkenntnisinteressen verfolgen. Ein Tipp: Vergleich von tiefenpsychologischen und verhaltenspsychologischen Ansätzen.

2.1.4. Ein Blick auf die Geschichte der Wissenschaftstheorie – zunehmende Spezialisierung

Die Wissenschaftstheorie war ursprünglich eine rein philosophische Disziplin. *Philosophie* ist eine Grundlagenwissenschaft, die u.a. auch den Anspruch erhebt, für die Einzelwissenschaften verbindliche Fundamente und Ordnungssysteme zu formulieren. Die grundlegenden Bereiche der Philosophie – Erkenntnistheorie, Metaphysik, Anthropologie, Logik und Ethik – bieten in der Tat auch einen in der Gegenwart interessanten und immer noch attraktiven Fundus von Denkangeboten und Begrifflichkeiten für eine allgemeine Wissenschaftstheorie, obwohl sich die Wissenschaftstheorie im vergangenen Jahrhundert weitgehend von der Philosophie abgelöst und in mehrere *spezielle Wissenschaftstheorien* für die einzelnen Wissenschaften differenziert hat.

Zu den gegenwärtig relevanten Ansätzen der allgemeinen Wissenschaftstheorie zählen:
- die phänomenologisch-hermeneutische Richtung,
- die empirisch-analytische Richtung, im besonderen der Kritische Rationalismus,
- die dialektische Richtung, vertreten u.a. durch die Kritische Theorie
- die konstruktivistische Richtung, z.B. der Radikale Konstruktivismus.

Die zunehmende Tendenz zur Spezialisierung und Pluralisierung der Wissenschaftstheorie ist einerseits mit einigen *Nachteilen* verbunden:
- Es ist zu einer Unübersichtlichkeit, wenn nicht gar zu einer Inflation von Ansätzen und Methoden gekommen.
- Es gibt keinen allgemein verbindlichen Kanon an Theorien mehr, auch die Begrifflichkeiten verlieren an Schärfe und zersplittern.

Sie bringt andererseits aber auch *Vorteile*:

2. Grundbegriffe

- So ist es die ungeteilte Auffassung fast aller wissenschaftstheoretischen Ansätze, dass es keine allgemeingültige Metatheorie geben kann – also der Abschied von universalistischen und fundamentalistischen Tendenzen.
- Was vornehmlich von den hermeneutischen Ansätzen gilt, die primär von der Individualität der Lebenswelt ausgehen, die sich dem Zugriff einer universalistischen Theorie verweigern – gilt auch für die rationalistischen Ansätze: auch aus ihrer Sicht sind Theorien prinzipiell fehlbar.

Besonders für die Sozialwissenschaften bedeutet die Emanzipation und *Ablöse* von der Philosophie auch eine *neue Qualität*: die *Nähe zum Wissenschafts- und Forschungsprozess*. Während die Philosophie wissenschaftstheoretische Fragen stellt im Rahmen von allgemeinen philosophischen Fragen und dabei mitunter vom eigentlichen Forschungsprozess relativ weit abdriftet bzw. sich ein wirklichkeitsfremdes Idealbild von Wissenschaft zurecht legt, muss eine Wissenschaftstheorie, welche untersuchen will, wie eine bestimmte Einzelwissenschaft mit der Wirklichkeit „umgeht", selbstverständlich viel mehr auf die konkreten Situationen, Anliegen und Fragen eingehen, die sich *unmittelbar in der Forschung* ergeben.

Daraus ergeben sich eine Reihe von durchaus angenehmen und für die Entwicklung der Wissenschaften *förderliche Effekte*:
- Einmal rückt die Wissenschaftstheorie wie gesagt näher zur Wissenschaft, ihre Fragestellungen werden aus der Sicht der praktisch Forschenden nahe liegend, praktischer, einsehbarer, transparenter.
- Zum anderen werden wissenschaftstheoretische Reflexionen immer mehr zu einem Muss für jeden Wissenschaftler: wissenschaftlich arbeiten, ohne über Verfahren, Methoden, Begründungsverfahren, aber auch Welt- und Menschenbilder nachzudenken, ist nicht mehr möglich, blinde Flecken im bezug auf Methoden usw. kann sich kein Wissenschaftler leisten.

- Wissenschaftstheoretische Reflexion wird so zur *Selbstreflexion der Wissenschaft:* Es kommt zu einer Einheit von Wissenschaft und Wissenschaftstheorie.
- Dadurch ist es möglich, dass die Ziele der Wissenschaftstheorie – Qualitätssicherung, Evaluation, Kontrolle, Innovation – unmittelbar im Forschungsprozess wahrgenommen werden.

2.1.5. Was bedeutet die Wissenschaftstheorie für die Erziehungswissenschaft?

Was die Pädagogik betrifft, so gibt es noch einen weiteren Punkt, der für die Wichtigkeit der Wissenschaftstheorie spricht. Die Ablöse der Wissenschaftstheorie von der Philosophie und ihre Spezialisierung haben im Falle der Pädagogik den Blick auf folgendes freigelegt:

- Methodologische und wissenschaftstheoretische Reflexion ist in einem hohen Maße Teil der Pädagogik als Wissenschaft selbst – vielleicht mehr als dies bei anderen Wissenschaftsdisziplinen der Fall ist. Die Wissenschaftstheorie der Pädagogik ist somit der Paradefall dafür, dass Wissenschaftstheorie und Wissenschaft im Forschungsprozess nicht voneinander getrennt werden können.
- Noch mehr: Auch die erzieherische Praxis – als Gegenstandsbereich der Erziehungswissenschaft – ist mit dieser Reflexion verbunden: In der Tat muss man für die pädagogische Arbeit eine analoge oder ähnliche *Reflexionsbereitschaft* voraussetzen, wie dies für die Pädagogik als Wissenschaft erforderlich ist. Dies bedeutet, dass ein tragendes Moment der erzieherischen Professionalität mit *Reflexionskompetenz* zusammenhängt, die sich von der Intention und Struktur her nur graduell von der Reflexionskompetenz der Wissenschaftstheorie unterscheidet. Letztlich bewirkt so die Aneignung von wissenschaftstheoretischer Reflexionskompetenz zugleich ein Mehr an Reflexionskompetenz für die erzieherische Arbeit und damit

eine große Chance für die *Professionalisierung* der erzieherischen Praxis.

Dieser Gedanke soll im Folgenden noch etwas ausgeführt werden.

2.1.6. Vergleich zwischen Metatheorie und Metakommunikation bzw. Theorie und Kommunikation

Hier können wir auch wieder den Vergleich mit der Reflexion von Alltagskommunikation aufgreifen: In Kommunikationssituationen geht es wie gesagt nicht nur um die Inhalte, die kommuniziert werden, sondern auch um die Art und Weise, wie dies im jeweiligen kommunikativen Setting geschieht. Es gilt also, die *Inhaltsebene* von der *Beziehungsebene* zu unterscheiden und beide gleichzeitig auch als Einheit gegenwärtig zu haben. Wie im Falle der Wissenschaft gibt es auch eine Objekt- oder Handlungsebene und eine Meta-Ebene. Selbstverständlich ist der souveräne Umgang mit Inhalts- und Beziehungsebene eine Frage der Kommunikationskompetenz des Einzelnen.

Man kann diesen Vergleich zwischen wissenschaftstheoretischer bzw. metawissenschaftlicher und meta-kommunikativer Reflexion noch weiter führen: Genau wie es in der Kommunikation fatal sein kann, wenn man sich nur entweder auf die Inhalts- oder auf die Beziehungsebene konzentriert – genauso kann dies auch im Forschungsprozess fatal sein, nämlich dann z.B., wenn eine Untersuchung streng nach einer Methode vorgeht, ohne dieselbe zu reflektieren: In diesem Fall kann es vorkommen, dass an der Wirklichkeit vorbeigeforscht wird. Dies ist z.B. ein Vorwurf, den die Vertreter der qualitativen Sozialforschung in Richtung quantitative Untersuchungsmethoden immer wieder formuliert haben.

2.1.7. Das Kontinuum zwischen metatheoretischer, metakommunikativer und erzieherischer Kompetenz

Genau genommen handelt es sich dabei nicht nur um einen *Vergleich* zwischen der kommunikativen und wissenschaftstheoretischen, methodologischen Reflexionskompetenz, sondern beide gehen im Falle der Pädagogik – und das ist eine Besonderheit der Pädagogik oder überhaupt aller Sozialwissenschaften – ineinander über, und zwar in beide Richtungen. Es gibt ein Kontinuum zwischen metatheoretischer, metakommunikativer und erzieherischer Kompetenz. In der wissenschaftstheoretischen Reflexion spielen Momente der kommunikativen Reflexion mit – und *umgekehrt* spielen in der Reflexion von pädagogisch relevanten Kommunikationssituationen auch wissenschaftstheoretische, methodologische Inhalte mit. Warum? Weil es beiden Reflexionsformen letztlich um denselben Forschungsgegenstand geht: um den *Menschen*.

Man mag in bezug auf den Gegenstandsbereich der Erziehungswissenschaft eine Einstellung wie auch immer vertreten: dass es den „pädagogischen Bezug" zwischen Erzieher und Zögling so nicht mehr gibt, wie er in herkömmlichen Rollenschablonen festgeschrieben war, – jedenfalls wenn man an einer Auffassung von Pädagogik festhält, wonach sich der genannte „pädagogische Bezug" gerade dadurch auszeichnet, dass da zwei oder mehr Menschen im Spiel sind, von denen einer dem anderen gegenüber ein Mehr an Verantwortung auf sich nimmt, mithin einen Vorsprung im Hinblick auf Kommunikations- und Reflexionskompetenz beansprucht, dann ist dies vom Setting her eine ähnliche Situation wie zwischen Forscher und Forschungsgegenstand. Diese Situation ist jedoch nicht nur wegen dieser Komplementarität ähnlich, es geht auch um ähnliche Kompetenzen: Genau wie sich der Forscher methodisch vorsichtig seinem Forschungsgegenstand nähert, seine Methoden kritisch reflektiert und offen sein muss im Hinblick auf die Eigenwirklichkeit der beforschten Subjekte, genauso geht es

2. Grundbegriffe

dem im pädagogischen Feld tätigen Erzieher: Auch er muss auf die Eigenperspektive des zu Erziehenden maximal eingehen, auch er muss lernen, seine Perspektiven, Methoden und Interventionen, wie er ihn wahrnehmen bzw. verändern kann, kritisch zu reflektieren, auch er muss *alternative Handlungsmöglichkeiten* suchen. Die methodische Offenheit und Reflektiertheit in einem weitesten Sinn ist demnach nicht nur ein Ziel der Erziehungswissenschaft (vor allem gilt dies für die Qualitative Sozialforschung), sondern auch der erzieherischen Praxis.

Das bedeutet u.a.:

- Wenn es zutrifft, dass sich diese methodische Offenheit durch die Kenntnis von wissenschaftstheoretischen Positionen aneignen lässt, kann gefolgert werden, dass wissenschaftstheoretische und methodologische Reflexionskompetenz einen wichtigen Beitrag für die Professionalisierung der Erziehungswissenschaft und der erzieherischen Praxis leistet. Etwas salopp formuliert: Gute Wissenschaftstheoretiker und Methodologen sind auch gute Pädagogen – und umgekehrt.
- Die erzieherische Praxis besteht weniger darin, dass in bestimmten Situation vorgegebene Rezepte angewandt werden (im Sinne einer Zweck-Mittel-Rationalität – wie der Erziehungswissenschaftler Brezinka, ein Vertreter des Kritischen Rationalismus, angenommen hat), sondern dass zugleich – und das macht die Qualität der Erziehungswissenschaft aus – ständig auf die eigene Praxis und auf das pädagogische Alltagswissen reflektiert wird. Dadurch kommt es zu einer Verzahnung von Praxis und Reflexion, zu Selbstreflexion, die für die erzieherische Arbeit und in der weiteren Folge auch für die Erziehungswissenschaft typisch ist bzw. sein sollte.
- Die wissenschaftstheoretischen und methodologischen Fragen sind für die Erziehungswissenschaft insofern die eigentlich praktischen Fragen. Plakativ formuliert: Wissenschaftstheorie und Methodologie in der Pädagogik ist bereits erzieherische Praxis – und umgekehrt.

2.5. Übung: Textlektüre

Thema: Zuerst die Sache, dann die Methode? Hat es Sinn, sich mit *Wissenschaftstheorie* – mit Wissenschaft *über* Wissenschaft – zu beschäftigen, ohne mit der Wissenschaft eingehend vertraut zu sein?

Quelle: Prim, Rolf & Tilmann, Heribert (1997): Grundlagen einer kritisch-rationalen Sozialwissenschaft. Mit einem erziehungswissenschaftlichem Anwendungsteil. 7. Aufl. Wiesbaden: Quelle & Meyer. (UTB 221), S. 1ff.

[Für] Wolfgang Brezinka, der die wissenschaftstheoretische Diskussion in der Erziehungswissenschaft entscheidend beeinflußt hat, scheint es „wenig zweckmäßig zu sein, wollte jemand das Studium der Pädagogik mit der Metatheorie (im Sinne von Wissenschaftstheorie-Methodologie, d. Verf.) statt mit den Theorien der Erziehung beginnen. Erst wenn man etwas von der Sache selbst versteht, kann man von der wissenschaftstheoretischen Untersuchung der Theorien über diese Sache genügend Gewinn haben". (Brezinka, W.: Von der Pädagogik zur Erziehungswissenschaft, Weinheim-Berlin-Basel 1971, S. V.)

Mit der Berechtigung dieser Annahme steht und fällt die didaktische Legitimation des hier vorgelegten Versuches, Oberstufenschülern, interessierten „Laien" und Studienanfängern eine wissenschaftstheoretische Orientierung als Eingangswissen zu vermitteln.

Gegen die These Brezinkas sprechen sowohl wissenschaftstheoretische Gründe als auch hochschuldidaktischen Erfahrungen:

Wissenschaftstheoretische Legitimierung

Gerade die wissenschaftstheoretische Konzeption des Kritischen Rationalismus, die Brezinka für die Erziehungswissenschaft fruchtbar zu machen versucht, und die dieser Studie ebenfalls zugrunde liegt, verwirft prinzipiell die Annahme, daß es Erkenntnisse über „die Sache selbst" geben könne, die unabhängig sind von dem wissenschaftstheoretischen Grundannahmen und den methodischen Verfahren, die den Sätzen zugrunde liegen, mit denen wir Aussagen über „Tatsachen" machen. Die Abhängigkeit der „Tatsachen" genannten wissenschaftlichen Ergebnisse kann im Extrem so eng sein, daß die Tatsachen künstliches Produkt (Artefakt) der methodischen Voraussetzungen der Forschung sind.

[...]

Didaktische Legitimierung

Die didaktische Konsequenz des angesprochenen Abhängigkeitsverhältnisses liegt darin, daß auch in Anfängerveranstaltungen die Vermittlung inhaltlicher wissenschaftlicher Theorie (wie z.B. der Theorien des Lernens, der Sozialisation, der Begabung, der frühkindlichen Entwicklung) nur im Zusammenhang mit den entsprechenden wissenschaftstheoretischen und methodischen Voraussetzungen geschehen kann. Lehnt man dieses Prinzip ab, so werden die Studierenden einerseits unzulänglich informiert und andererseits wird ihnen die Möglichkeit vorenthalten, sich von Anfang an kritisch-aktiv mit den angebotenen Lehrinhalten auseinanderzusetzen.

Das didaktische Prinzip: „Zuerst die Sache, dann die Methode" ist also nicht nur logisch anfechtbar, sondern begünstigt ein passiv konsumierendes Lernverhalten, das sich in der gedächtnismäßigen Speicherung nicht hinterfragbarer theoretischer Lehrsätze und wissenschaftlicher Einzelergebnisse ausprägt. Ein solches Lernverhalten entspricht der (vor allem schulisch bedingten) Erwartung vieler Studienanfänger, die Universität bzw. die Wissenschaft können letztlich gültige Erkenntnisse oder wissenschaftlich bewiesene Normen der Lebensgestaltung vermitteln.

Diese Fehlerwartung sollte aus Gründen der intellektuellen Redlichkeit bereits zu Beginn des Studiums aufgelöst werden, zumal damit die Voraussetzungen für eine Revision schulisch habitualisierten passiven Lernverhaltens zugunsten aktiv-kritischer Auseinandersetzung mit wissenschaftlichen Lerninhalten geschaffen werden können. Es sollte zum Eingangswissen eines jeden Studierenden gehören, daß er von den einzelnen Fachdisziplinen nicht quasi monolithisches, unanfechtbares Wissen erwarten kann, sondern daß er mit einer Vielfalt unterschiedlicher und einander widersprechender Auffassungen selbst bei den fundamentalen Problemen rechnen muß. Mit diesem Wissen kann ein Beitrag zur Erhaltung der psychischen Stabilität des Studienanfängers geleistet werden, wie den Verfassern inzwischen von mehreren Teilnehmern bestätigt wurde.

Für den Bereich der empirischen Sozialwissenschaften ist eine frühe Beschäftigung mit wissenschaftstheoretischen Grundproblemen bereits durch den Umstand geboten, daß die Studienordnungen für Anfangssemester Kurse für Statistik, Forschungsmethoden und -techniken verpflichtend vorschreiben. Die rechnerische Präzision statistischer Prozeduren und die technische Perfektion von Forschungsmethoden erwecken ohne Rückbezug auf ihre wissenschaftstheoretischen Voraussetzungen leicht den Eindruck, als seien jene Verfahren aus sich selbst legitimiert und nicht „lediglich" Instrumente zur Realisierung von methodologischen Postulaten und wissenschaftstheoretischen Prinzipien. Allzu leicht verwechselt der Studierende dann wissenschaftliche Kompetenz mit der Fähigkeit, statistische Operationen durchführen und Forschungsmethoden anwenden zu können. Nach den Erfahrungen der Verfasser werden in Statistik- und Methodenkursen die wissenschaftstheoretischen Voraussetzungen (gewiß auch aus Zeitmangel) nicht oder nur andeutungsweise behandelt. Die Studierenden speisen ihre Motivation für diese Kurse eher extrinsisch, aus dem sogenannten

2. Grundbegriffe

Scheinezwang, denn aus der Einsicht in den Stellenwert von Statistik und Methodenlehre für den Forschungsprozeß.

Unter wissenschaftstheoretischen und motivationalen Aspekten erscheint ein Projektkurs, der wissenschaftstheoretische und logische, statistische und forschungsmethodische Fundamentalprobleme verzahnt thematisiert, die optimale curriculare Konzeption für die ersten Studiensemester darzustellen.

Es bleibt noch dem Einwand zu begegnen, die wissenschaftstheoretische Materie sei so schwierig, daß sie für Studienanfänger eine Überforderung bedeuten würde. Nach den Erfahrungen, die von den Verfassern mit Studienanfängern in methodologischen Kursen gemacht wurden, liegt die Schwierigkeit der Vermittlung methodologischer Kenntnisse nicht in der „methodologischen Materie" sondern, wie bei allen anderen Lehrveranstaltungen, primär in der didaktisch-methodischen Zurüstung der Lehrgänge. Es gibt keinen Anhaltspunkt dafür, daß wissenschaftstheoretische Grundprobleme schwieriger nachzuvollziehen sind als beispielsweise die in den Studienordnungen vorgesehenen Lern- und Sozialisationstheorien. Aus dem Kreis der Teilnehmer wurde jedenfalls mehrfach geäußert, daß der methodologische Grundkurs im 1. Studiensemester erhebliche Hilfe bei der Bewältigung des Stoffes der später besuchten erziehungswissenschaftlichen, psychologischen und soziologischen Lehrveranstaltungen bereitgestellt habe, da die Fülle des zu bewältigenden „Materials" in einem umfassenderem Zusammenhang gestellt werden konnte.

Methodologie sollte zum Eingangswissen im Rahmen eines sozialwissenschaftlichen Studiums gehören. Nur dann kann eine kritische und übergreifend koordinierte Aufnahme der zugemuteten Wissensbestände erreicht werden.

Um welche Frage geht es in diesem Textausschnitt? Skizzieren Sie die beiden in dieser Frage konträren Positionen. Rekonstruieren Sie die Argumentation von Prim/Tilmann. Wie würden Sie – unabhängig – von den hier referierten und vorgebrachten Argumenten diese Frage beantworten? Eine Frage am Rande: Was bedeutet „extrinsische" bzw. „intrinsische Motivation"? Studieren Sie aus extrinsischer Motivation, bspw. aus „Scheinezwang" – oder (doch auch) intrinsisch motiviert?	

Gruppendiskussion: Gruppe 1 vertritt die Position von Brezinka Gruppe 2 jene von Prim und Tilmann Gruppe 3 protokolliert und evaluiert die Diskussion und die Argumentation Ein Teilnehmer übernimmt die Moderation.	!

2.6. Rückschau, Vorschau, Einstieg

Wissenschaftstheoretische Reflexion beginnt also mit einer Irritation. Niemand wundert es, dass sich Theorien unterscheiden, was ihren Inhalt betrifft, es gibt eben unterschiedliche Themen, Fragen, Gegenstände. Doch warum gibt es offenbar auch mehrere mögliche Theorien über ein und denselben Gegenstand? Warum gilt nicht das Prinzip: *Ein* Gegenstand *eine* Theorie?

Auch im Alltagsleben können wir über ein und dieselbe Sache unterschiedlicher Meinung sein. Und wie im Alltagsleben können wir auch in der Wissenschaft nicht von vornherein sagen, welche dieser Theorien die „richtige" und die „wahre" ist.

Eine mögliche Antwort darauf wäre, dass die richtigen und wahren Theorien jene sind, die besser sind oder die sich bewähren – fragt sich nur wo und wie.

Eine zweite Möglichkeit besteht darin, Prinzipien und Kriterien für die Qualität von Theorien anzugeben, z.B. dass Theorien klar definierte Begriffe verwenden sollten, logisch schlüssig sind und mit guten Argumenten begründet werden. Doch auch das erklärt nicht den Tatbestand, dass es zu ein und demselben Gegenstand unterschiedliche Theorien geben kann, die gleichermaßen schlüssig, hinreichend begründet und korrekt formuliert sind.

Theorien im Alltagsleben und in der Wissenschaft beruhen immer auf unterschiedlichen *Voraussetzungen*. Diese bestimmen das Erkenntnisinteresse einer Theorie, ihre „Philosophie", ihre grundlegende Sichtweise, ihre Kriterien von Wissenschaftlichkeit, ihre Herangehensweise an den Forschungsgegenstand, die dabei verwendeten Methoden – und sind mithin letztlich verantwortlich für die dabei erzielten Ergebnisse.

Diese Voraussetzungen von Theorien sind das Thema der Erkenntnistheorie und – falls es sich um wissenschaftliche Theorien handelt – der Wissenschaftstheorie. Die Unterschiedlichkeit von Theorien lässt sich nur verstehen und erklären, wenn ihre erkenntnis- und wissenschaftstheoretischen Voraussetzungen Berücksichtigung finden.

Die wissenschaftstheoretischen Voraussetzungen einer Theorie sind meist implizit gegeben. Wissenschaftler entwickeln ihre Theorien, indem sie nach Regeln und Qualitätsstandards vorgehen, die ihnen selbst nicht immer ganz bewusst sind, sie forschen auf der Basis von bewährten Methoden und Modellen, sie berufen sich auf ein bestimmtes Paradigma (Thomas Kuhn), auf eine wissenschaftstheoretische Position, die sie sich in ihrer wissenschaftlichen Sozialisation angeeignet haben. Eine solche wissenschaftstheoretische Position ist wie eine Brille, durch die der Forschungsgegenstand gesehen wird. Sie ist natürlich sinnvoll und brauchbar, aber sie weist naturgemäß auch Grenzen auf, da alternative Sichtweisen und Paradigmen von vornherein ausgeschlossen werden.

Um diese Grenzen erkennen zu können, benötigen Wissenschaftler nicht nur wissenschaftliches Fachwissen, also Wissen über den konkreten Forschungsbereich, sondern auch Reflexionswissen, um Theorien hinsichtlich ihrer wissenschaftstheoretischen und methodologischen Voraussetzungen unterscheiden zu können.

Nur so kann ein Wissenschaftler im Forschungsprozess, was Methoden und Vorgehensweise betrifft, wirklich die beste Wahl treffen. Wissenschaftstheoretische Reflexion ist demnach eine Strategie der Qualitätssicherung der Wissenschaft. Gleichzeitig ist sie eine Bereicherung der Wissenschaft, da sie alternative Möglichkeiten für die theoretische Auseinandersetzung mit der Wirklichkeit eröffnet.

Das primäre Ziel des vorliegenden Buches ist, ein *Problembewusstsein* zu vermitteln für wissenschaftstheoretische und methodologische Fragen. Dies ist nur möglich, wenn auch einige wichtige Positionen der Wissenschaftstheorie und die auf ihnen

2. Grundbegriffe

beruhenden Methoden behandelt werden. Jedoch ist die Auswahl und Darstellung dieser Positionen begrenzt und hat vorwiegend exemplarischen Charakter. Anhand von Praxisbeispielen und Übungen soll gezeigt werden, wie diese Positionen jeweils unterschiedliche methodische und theoretische Lösungsmöglichkeiten nahelegen, für den Forschungsprozess leitend sind und demnach auch für das "verantwortlich" sind, was am Ende als Forschungsresultat formuliert wird.

Dies sollte schließlich auch zu einem *Orientierungswissen* führen, um Theorien und Forschungsprojekte im Hinblick auf wissenschaftstheoretische und methodologische Voraussetzungen unterschieden zu lernen – eine *Metakompetenz*, deren Wichtigkeit in Zeiten der postmodernen Vielfalt von unterschiedlichen Theorien, Ansätzen, Methoden und Herangehensweisen immer wichtiger wird.

Wenn man sich nun überlegt, wie man am besten den *Einstieg* in Wissenschaftstheorie und Methodologie schafft, muss man von folgendem ausgehen:
- Wissenschaftstheorie und Methodologie ist ein weites, kontrovers diskutiertes Feld. Es gibt darin keine Gewissheiten, auch kein Universalsystem, mit dem alle Wissenschaften begründet werden könnten – auch wenn dies lange Zeit *das* Ideal war, um dessen Verwirklichung sich die Philosophie bemühte.
- D.h. aber auch, dass eine Darstellung der Themen und Ansätze (in lehrbuchartiger Absicht) schwierig und auch irreführend ist. Man bedenke nur, dass jede Darstellung eines Autors bereits eine Interpretation (und damit eine Reduktion von Komplexität) darstellt. Insofern konstruieren auch wir in dieser LV nur reduzierte Bilder.
- Andererseits soll Wissenschaftstheorie im wesentlich ja ein intersubjektiv nachvollziehbarer Reflexionsprozess sein: Inso-

fern geht es primär darum, *reflektieren* zu lernen – genau wie es der Philosoph Immanuel Kant formuliert hat: Man kann nicht Philosophie lernen, nur *philosophieren*.
- Um wissenschaftstheoretisch und methodologisch reflektieren zu lernen, ist es nicht unbedingt wichtig, wo man beginnt. Es ist nur wichtig, *dass* man beginnt und dass wissenschaftstheoretische und methodologische Fragestellungen von der *Forschungspraxis* ausgehen.
- Denn Wissenschaftstheorie und Methodologie haben zum Ziel, Perspektiven und Horizonte zu erweitern, um *neue Handlungsmöglichkeiten für die Forschungspraxis* und damit auch für die *Praxis* selbst zu erschließen: Darum geht es letztendlich jeder Theorie, auch der Wissenschaftstheorie.

2.7. Nochmals anhand des Praxisbeispiels: Warum Wissenschaftstheorie?

Wir haben gesehen: Es ist eine Tatsache, dass es viele verschiedene Theorien gibt – und zwar nicht nur über verschiedene Gegenstände (was ja verständlich wäre), sondern auch *über ein und denselben Gegenstand*. Ähnliches haben wir für die Erkenntnis und die Kommunikation im Alltag festgestellt. Auch an einen Forschungsgegenstand kann unterschiedlich herangegangen werden, er kann mit Hilfe unterschiedlicher Methoden untersucht werden.

Die jeweilige Herangehensweise und die jeweils gewählten Methoden hängen von der wissenschaftstheoretischen Position ab. Um sich dieser Unterschiede bewusst zu werden und sie als Wahlmöglichkeiten sinnvoll nutzen zu können, zwischen ihnen entscheiden zu können und jeweils die für den Fall beste auszuwählen, dazu ist Wissenschaftstheorie notwendig.

Ein Forschungsgegenstand, *viele* Theorien

Theorien müssen demnach, weil sie oft Gleiches unterschiedlich beschreiben, argumentiert und begründet werden. Zuerst einmal selbstverständlich in *inhaltlicher* Hinsicht. Denn die Qualität von Wissenschaft besteht darin, sachlich gute Gründe und Argumente dafür anzuführen, dass etwas so und nicht anders beschrieben wird. Doch nicht nur dies: Die Qualität von Wissenschaft muss auch dadurch sichergestellt werden, dass die Herangehensweise an den Forschungsgegenstand, das Wissenschaftsverständnis, das Erkenntnisinteresse, die gewählten Methoden *wissenschaftstheoretisch* begründet werden. Denn die Unterschiede zwischen Theorien zu ein und demselben Sachverhalt lassen sich im Grunde auf Unterschiede in den wissenschaftstheoretischen Positionen zurückführen.

Es gilt also nicht: *Ein* Sachverhalt, *eine* Theorie, *ein für allemal* und *basta!* Sondern: Zu einem Sachverhalt sind unterschiedliche Theorien möglich, weil man von unterschiedlichen wissenschaftstheoretischen Voraussetzungen ausgehen kann.

Wissenschaftstheoretische Positionen sind gleichsam die Brille, wie ein Forschungsgegenstand gesehen, beschrieben, erklärt wird. Und da Wissenschaft nicht betriebsblind bleiben soll, muss sie sich auch Klarheit über diese Brille verschaffen, die sie auf der Nase hat. Der Wissenschaftler sollte demnach flexibel zwischen einer wissenschaftlichen und einer wissenschaftstheoretischen Perspektive hin und her wechseln können. Zu den Kompetenzen eines Wissenschaftlers zählen insofern nicht nur ein breites theoretisches Wissen über einen Forschungsbereich, sondern auch wissenschaftstheoretisches Wissen.

> Die Qualitätssicherung der Wissenschaft geschieht durch *Begründung:* sachlich, fachspezifisch und methodologisch wissenschaftstheoretisch.

Doch gibt es wirklich unterschiedliche Theorien über ein und denselben Gegenstand? Man sollte doch eigentlich annehmen können, dass eine Tatsache immer auf dieselbe Art und Weise theoretisch beschrieben und erklärt werden kann. Dem ist nicht so – wie wir gleich sehen werden.

> Unterschiede in Theorien sind Unterschiede der wissenschaftstheoretischen Position

Kommen wir zu diesem Zweck auf unser Praxisbeispiel zurück: Schüler warten auf die Rückgabe der Schularbeit, teilweise sind sie aggressiv und laufen herum, ein Schüler steht still und bleich in der Ecke. Sie stehen nun – vorausgesetzt, dass dieser Sachverhalt bei Ihnen überhaupt Betroffenheit auslöst, aber gehen wir einmal davon aus – vor einem Rätsel und wollen es lösen. Rätsel zu lösen, ist übrigens das Ziel von Wissenschaft; mit Neugier an einen Sachverhalt heranzugehen, ist die Motivation wissenschaftlicher Arbeit

Als Erziehungswissenschaftler/in, Schulpädagog/in, Sozialarbeiter/in, Mutter oder Vater gehen Ihnen nun angesichts dieses Sachverhaltes eine Reihe von Vermutungen, Fragen, Hypothesen, Alltagstheorien und wissenschaftlichen Theorien durch den Kopf. Vielleicht halten Sie inne, um darüber ein wenig zu phantasieren und Ihre Ansätze etwas zu konkretisieren.

Mögliche Theoriesplitter (Interpretationen, Erklärungen, Interventionen) wären etwa:
1. Der Schüler steht unter Leistungsdruck.
2. Er ist in stille Opposition gegangen.
3. Er hat Verdauungsstörungen und leidet gerade an Brechreiz.
4. Oder – noch schlimmer – er steht unter Drogeneinfluss.
5. Oder er leidet unter Depressionen, weshalb der Schulpsychologe herangezogen werden sollte.

2. Grundbegriffe

6. Oder es ist mit ihm „etwas nicht in Ordnung", Sie als LehrerIn sollten sich ihm zuwenden, mit ihm über seine Probleme, seine Familie usw. sprechen.
7. Oder der Schüler hat Angst vor einer negativen Bewertung seiner Schularbeit, er steht also unter Stress, was dazu führt, dass sich seine Blutgefäße verengen und seine Hautfarbe bleich aussieht.
8. Oder der Schüler sollte in einer entspannten Atmosphäre und stressfrei die Rückgabe der Schularbeit erleben, mithin nicht Stresssymptome zeigen, wobei sich eine solche Atmosphäre durch zwanglose Gespräche zwischen Lehrer und Schüler herstellen lässt.
9. Oder das ganze Schulsystem ist „Schuld" oder überhaupt die ganze Gesellschaft mit ihrer marktwirtschaftlichen Leistungsorientierung – mithin gehört das „Ganze" reformiert.
10. ... (Sicher sind Ihnen noch andere Theorien eingefallen!)

Es sind also unterschiedliche Theorien möglich.

Je nachdem, was Sie für ein Mensch sind, welche Sozialisation Sie in Ihrer Erziehung, Bildung und Ausbildung sowie in Ihrem Berufsleben erfahren haben, werden Sie einige Herangehensweisen nachvollziehen können und andere eher ablehnen. Dabei haben Sie gleichzeitig – wissentlich oder nicht – bereits eine *wissenschaftstheoretische Position* eingenommen.

Doch sehen wir uns diese Theoriefragmente – aus der Meta–Perspektive der Wissenschaftstheorie – genauer an.

Es lassen sich mindestens drei verschiedene Perspektiven unterscheiden, wie an den Forschungsgegenstand herangegangen wird.

Diesen entspricht jeweils eine wissenschaftstheoretische Position:

1. Bei einigen (1 bis 6) steht der Versuch im Vordergrund, den Schüler und die Situation zu *verstehen*: Insbesondere geht es

darum, die Symptome und das Verhalten des Schülers, zu deuten, zu interpretieren, also einen Sinn, eine Intention, eine Handlung darin zu entdecken. Während das Verhalten außer Streit steht (er ist bleich und steht still in der Ecke), ist die Interpretation dieses Verhaltens eher ungewiss, man kann sehr wohl über unterschiedliche Interpretationsmöglichkeiten debattieren, weshalb es wichtig ist, die gewählte Interpretation theoretisch nachvollziehbar zu machen und zu begründen.

> Das Phänomen soll primär *verstanden* werden. Diesen Herangehensweisen liegt in wissenschaftstheoretischer Hinsicht die *Position der Hermeneutik* zugrunde.

2. Andere Theoriefragmente (7, 8) hingegen setzen eine derartige Interpretation des Schülerverhaltens einfach voraus und widmen sich vorwiegend seiner *Erklärung*. Ein gutes Beispiel dafür ist Theorie 7: Man geht von der allgemeinen Hypothese aus, dass immer dann, wenn jemand unter Stress steht, sich die Blutgefäße verengen und die Haut bleich wird, und schließt dann von der Tatsache, dass der Schüler bleich aussieht, auf die Erklärung, dass er unter Stress steht. Diese Erklärung setzt wie gesagt voraus, dass das Verhalten als Stresssymptom zu deuten ist, und will auch von Haus aus nichts an dieser Tatsache ändern.

> Das Phänomen soll primär *erklärt* werden. Diesen Theorien entspricht wissenschaftstheoretisch die Position des *Kritischen Rationalismus*.

3. Was diese beiden wissenschaftstheoretischen Positionen nicht unmittelbar bezwecken – nämlich etwas an dieser Situation zu verändern –, ist schließlich das dezidierte Erkenntnisinteresse des dritten Typs dieser Theoriefragmente (9): Das Verhalten

des Schülers soll zwar auch verstanden und erklärt werden, doch primär geht es *dann* darum, etwas zu *verändern*. Und zudem soll nicht nur der konkrete Einzelfall verändert werden, sondern die Gesellschaft *insgesamt*, da eine Veränderung des Einzelfalls nur über eine Veränderung der gesellschaftlichen Bedingungen möglich ist – in unserem Fall vielleicht durch eine Reform des Schul- und Bildungssystems, alles andere wäre eine halbe Sache.

> Das Phänomen soll primär *verändert* werden. Der Typ dieses Theoriefragmentes ist wissenschaftstheoretisch gesehen die Position der *Kritischen Theorie*.

Diese Typologie von Theorien ist natürlich erweiterbar: Doch wir wollen uns im Folgenden mit Mut zu Reduktion und Einfachheit auf diese grundlegenden wissenschaftstheoretischen Positionen beschränken. Damit haben wir eine Basis-Typologie zur Verfügung, mit deren Hilfe wir nachvollziehen können, wie wissenschaftstheoretische Positionen entscheidend sind für die Theoriebildung, indem sie bestimmte methodische und theoretische Optionen *favorisieren*, andere *ausklammern*, also *Weichenstellungen* vornehmen in der theoretischen Konstruktion unserer Wirklichkeit – und es ist ja das primäre Ziel dieser Einführung, ein Problem- und Reflexionsbewusstsein gerade *dafür* zu entwickeln.

Im Anschluss an diese etwas vereinfachende Betrachtungsweise werden wir einige aktuellere wissenschaftstheoretische Positionen besprechen: Man könnte *systemtheoretische* Herangehensweisen unterscheiden (das Verhalten des Schülers wäre demzufolge nur beschreibbar, wenn es konsequent auf das System der Schule oder seiner Familie bezogen wird), oder *normative* Theorien (mit denen eine Veränderung der Situation erzielt werden soll, indem auf eine allgemeine Norm rekurriert wird).

2. Grundbegriffe

> Formulieren Sie ein weiteres Theoriefragment jeweils für die drei wissenschaftstheoretischen Positionen.
>
> Welches dieser Theoriefragmente findet am Meisten Ihre Zustimmung? Warum?
>
> Versuchen Sie eine Gegenüberstellung der Erkenntnisinteressen „erklären", „verstehen", „verändern" – als Vorarbeit zu den jetzt folgenden Ausführungen über die wissenschaftstheoretischen Positionen.

3. Hermeneutik: *Verstehen*

3.1. Verstehen, Bedeutung, Handlung

Wie unser Beispiel zeigt, besteht das das primäre Erkenntnisinteresse der hermeneutischen Position darin, den Forschungsgegenstand zu *verstehen*. Was bedeutet „verstehen"?

> Verstehen heißt: Erfassen der Bedeutung von wahrnehmbaren Zeichen.

Was bedeutet aber „Bedeutung", „Zeichen"...?

Wenn wir versuchen, einen Begriff zu definieren, tun wir etwas, was in der Wissenschaft und in der Wissenschaftstheorie nicht nur gang und gäbe ist, sondern schlichtweg zur Pflicht des redlichen Wissenschaftlers gehört.

Allerdings tritt man bei Definitionsversuchen meist eine Lawine von weiteren, noch zu definierenden Begriffen los ... wie hier. Und hin und wieder gerät man auch in einen *Zirkel*: Dann wird das Definiendum (das zu Definierende) über Begriffe (das Definiens, das Definierende) definiert, die bereits (implizit) im Definiendum enthalten sind.

Mit *Zeichen* sind hier nicht nur sprachliche Zeichen (*Texte*) gemeint, sondern auch Tonbandaufzeichnungen, Plakate, Bilder, kunstwissenschaftliche Objekte. Und auch das *Verhalten* eines Menschen ist im weiteren Sinne eine Zeichen.

Die *Bedeutung* kann man beschreiben als das, was wir mit einem Zeichen *meinen* und *verstehen* – aber ist das nicht schon eine Zirkeldefinition, in der wir uns zwischen den Begriffen „verstehen", „Zeichen" und „Bedeutung" im Kreis drehen?

3. Hermeneutik: Verstehen

> Wie auch immer: *Bedeutung* ist das, was jemand *meint*, wenn er ein *Zeichen* verwendet, und das wir dann – wenn alles gut geht – auch so *verstehen*.

Das Problem, die Begriffe „verstehen", „Zeichen" und „Bedeutung" angemessen zu definieren, rührt daher, dass wir in unserer alltäglichen Wirklichkeit diese Unterscheidung weitgehend nicht machen.

Nur wenn sich *Unterschiede* ergeben im Hinblick darauf, wie wir ein Zeichen (ein Verhalten) verstehen können, wird uns auch der Unterschied zwischen *Zeichen* und *Bedeutung* bewusst.

Denn ein Zeichen muss ja nicht unbedingt das bedeuten, wie es jemand versteht, es könnte auch anders verstanden werden; ein Zeichen kann demnach mehrere Bedeutungen haben.

(Wir sehen übrigens auch hier wieder: Unterschiede sind die Voraussetzung für Erkenntnis, sie machen begriffliche Unterscheidungen notwendig – und ähnlich machen auch unterschiedliche Theorien wissenschaftstheoretische Unterscheidungen notwendig.)

Erst in der Situation der Ungewissheit, welche Bedeutung ein Zeichen *wirklich* hat und haben kann, können wir demnach analytisch zwischen den Begriffen *Zeichen* und *Bedeutung* unterscheiden:

Der Schüler steht still und bleich in der Ecke. Das ist das Verhalten, welches wir wahrnehmen, sehen und hören.

Was wir wahrnehmen, sehen und hören, werten wir als Zeichen für etwas weniger Offensichtliches, nur indirekt Fassbares, für eine *Bedeutung*.

3. Hermeneutik: Verstehen

Zeichen	Verstehen	Bedeutung
Verhalten	Verstehen	Handlung
Text (Theologie, Philosophie, Sprachwissenschaft, Rechtswissenschaft …)	Auslegung Exegese Interpretation	Sinn
Symptom, Indiz (Medizin, Psychologie, Pädagogik)	Diagnose	Krankheitsbild Störungsbild
Bsp.: der Schüler steht still und …	Verstehen	Schüler ist unsicher, hat Angst…

Das *Verhalten* – die Mimik, Körperhaltung, Gesichtsfarbe – verstehen wir als Zeichen, als Symptom, als Hinweis für bestimmte psychische Zustände, also für die *Handlung*: Angst, Unsicherheit, Erregung …

Das *Verhalten* wird als *Handlung* interpretiert.

Woher nehmen wir aber in einem konkreten Fall die Sicherheit, dass wir die Zeichen, die Symptome, das Verhalten richtig und angemessen verstehen und interpretieren – also die richtige Bedeutung, die richtige Diagnose, die richtige Handlung erfassen?

Das ist die Grundfrage der *Hermeneutik* und jede hermeneutisch orientierte Wissenschaft und Forschung setzt alle Anstrengung darin,
- □ erstens überhaupt *alle* möglichen Interpretationen eines Zeichens aufzuspüren
- □ und zweitens jedes Verstehen – die Entscheidung für *eine* Interpretation – intersubjektiv nachprüfbar zu begründen.

Wie ist intersubjektiv nachprüfbares Verstehen überhaupt möglich?

3. Hermeneutik: Verstehen

Die Hermeneutik geht davon aus, dass das Verstehen von Zeichen aufgrund eines *Vorverständnisses* möglich ist, welches der Interpret mit dem zu Interpretierenden zumindest teilweise gemeinsam haben muss – aufgrund einer gemeinsamen Lebensform, Kultur, Sozialisation, Bildung usw.

Immer dann, wenn wir verstehen, greifen wir auf dieses großteils implizite, nur teilweise explizit vorhandene Wissen zurück. Wir wissen, was die Benotung einer Klassenarbeit bedeutet, wir wissen, dass der Schüler mit Unsicherheit, Spannung und Angst auf die Rückgabe der Schularbeit wartet, – *weil* wir das selbst erlebt haben oder aus Erzählungen kennen.

Vor dem Hintergrund dieses Wissens können wir einigermaßen sicher sein, das Verhalten des Schülers (seine Symptome und Zeichen) richtig verstehen zu können – absolut sicher können wir nie sein, denn gerade dieser Schüler könnte ja auch krank sein oder unter Drogeneinfluss stehen, auch dann wäre er bleich im Gesicht und still.

> Verstehen beruht auf einem – dem Interpreten und dem Zu-Interpretierenden gemeinsamen – Vorverständnis im Rahmen eines Lebenszusammenhanges (Lebensform, Kultur usw.).

Jeder, der bspw. im Bereich der Erziehungs– oder Sozialarbeit und auch in der Medizin tätig ist, vollzieht täglich solche hermeneutischen Erkenntnisprozesse: Er nimmt bestimmte Zeichen wahr und interpretiert sie. Eine Sozialpädagogin betreut bspw. im Kinderhort einen Jungen, an dem ihr einige Eigenschaften (Zeichen, Symptome, Verhalten) auffallen: langsame Bewegungen, meistens still, trauriges Gesicht, manchmal lächelnd, aber nie lachend … Die Sozialpädagogin schließt daraus, dass der Junge depressiv sein könnte, die Erziehungsberatungsstelle bestätigt ihre Vermutung mit der Diagnose „psychogene Depression".

3. Hermeneutik: Verstehen

> Ein *professionelles* Beispiel:
>
> 1. X hat Angst, das Haus zu verlassen, verneidet Fahrten mit öffentlichen Verkehrsmitteln ...
>
> 2. Definition von Agoraphobie anhand von Symptomen: „Eine relativ gut definierte Gruppe von Phobien, mit Befürchtungen, das Haus zu verlassen, Geschäfte zu betreten, in Menschenmengen und auf öffentlichen Plätzen zu sein, alleine mit Bahn, Bus oder Flugzeug zu reisen... Die Vermeidung der phobischen Situation steht oft im Vordergrund, und einige Agoraphobiker erleben nur wenig Angst, da sie die phobischen Situationen meiden können." (Merkmalsbeschreibung ICD-10 Code F40.0)
>
> 3. X leidet an Agoraphobie.

> **?**
>
> Schildern Sie eine Situation in einem pädagogischen oder psychosozialen Handlungsfeld oder eine Alltagssituation, in der Sie ein Verhalten interpretiert haben. Wenn Sie sich nicht ganz sicher waren: Wie haben Sie Ihre Interpretation (Diagnose) zu begründen versucht? Wenn Sie sich sicher waren: Woher hatten Sie diese Sicherheit?
>
> Warum ist die Hermeneutik ein handlungstheoretischer Ansatz – und kein verhaltenstheoretischer?
>
> Wie unterscheiden Sie Verhalten und Handlung?

*[Handschriftliche Notizen: → Dan dem Verstehe, am Hintergrund und der Bedeutung des Verhaltens interessiert, nicht am Verhalten selbst.
→ Verhalte = sichtbares Zeichen
Handlung = Bedeutung des Zeichens]*

3.2. Der hermeneutische Zirkel

Verstehen schließt vom Zeichen auf die Bedeutung, vom Verhalten auf die Handlung, wobei Zeichen und das Verhalten im Kontext einer gemeinsamen Lebensform eingebettet sind.

3. Hermeneutik: Verstehen

Aufgrund dieses gemeinsamen Lebenszusammenhanges verfügt der Interpret über ein Vorverständnis der Situation, es ist wahrscheinlich, dass er damit richtig liegt. Zeichen von Menschen aus uns fremden Lebenswelten, Lebensformen oder Sprachen verstehen wir nicht so ohne weiteres.

Man muss also immer schon etwas wissen, um verstehen zu können. Das Verstehen des Einzelnen (Situation: Schüler steht still und bleich in der Ecke) setzt das Vorverständnis des Ganzen, der Gesamtsituation voraus (Rolle der Schule, Leistungsdruck usw.); das Vorverständnis des Ganzen setzt das Verstehen des Einzelnen voraus.

Dies wird als *hermeneutischer Zirkel* bezeichnet.

Zirkularität gilt in der Wissenschaft – wir haben dies im Zusammenhang mit der Begriffsdefinition bereits erwähnt – als großer Fehler. Es bringt nichts, etwas zu verstehen, wenn man es voraussetzungsgemäß schon verstanden haben muss, um es verstehen zu können. Grundsätzlich kommt so nie Neues ins Spiel, alles bleibt gleich. Das Verstehen im hermeneutischen Sinn ist aber kein *circulus vitiosus*, also kein fauler Zirkel, der nichts Neues bringt, sondern ein *circulus fructuosus*, ein fruchtbarer Zirkel. Warum?

Weil jedes Verstehen eines Zeichens oder Verhaltens in einer konkreten Situation immer auch eine Veränderung des Vorverständnisses auslöst, das es uns möglich macht, das Verstehen zu optimieren. Aufgrund des Vorverständnisses hat man einen vagen Eindruck, der im Prozess des Verstehens zunehmend präzisiert und differenziert wird. Und da jede Situation, die man verstehen will, *irgendwie* neu, singulär, situativ verschieden ist von bereits bekannten Situationen, ist sie auch eine Herausforderung für das eigene Vorverständnis, auch dieses ändert sich. Wäre das nicht so, wäre der Mensch nicht entwicklungs- und lernfähig. Verstehensprozesse sind demnach auch Lernprozesse.

48

> Lesen Sie nochmals Kapitel 3.1 durch. Versuchen Sie zu dokumentieren, wie Sie anhand Ihrer Fragen an den Text und Ihrer Antworten zunehmend ein besseres Textverständnis entwickeln. Hat sich so auch Ihr Vorverständnis für wissenschaftstheoretische Überlegungen optimiert?

3.3. Abduktion

Verstehen ist *der* Kernbegriff der hermeneutischen Position. Auf Verstehensprozessen beruht nicht nur die Erkenntnis und die Kommunikation im Alltag, sondern auch jene der Wissenschaft – und dabei vor allem auch die Entdeckung neuer Theorien.

Im Folgenden wollen wir uns das „Innenleben" des Verstehens näher ansehen und eine Präzisierung und formale Rekonstruktion versuchen. In den letzten Jahren wurde dafür die sog. *Abduktion* wieder entdeckt.

Ursprünglich wurde die Abduktion von *Charles Sanders Peirce* 1867 neben der *Deduktion* und der *Induktion* als weitere Schlussform in die Logik eingeführt.

In der *Deduktion* (Ableitung) wird von einem wahrscheinlichen generellen Satz (1) und einem wahren singulären Satz (2) auf einen weiteren logisch wahren singulären Satz (3) geschlossen. Nota bene: Ein genereller Satz sagt etwas aus über *alle* Gegenstände; ein singulärer Satz hingegen über *einen* Gegenstand.

> ☐ 1. „Alle Kartoffeln in dieser Kiste sind braun."
> ☐ 2. „Diese Kartoffel stammt aus dieser Kiste."
> ☐ 3. „Diese Kartoffel ist braun."

3. Hermeneutik: Verstehen

An der Wahrheit von Satz 3 gibt es nichts zu rütteln – unter der Voraussetzung, dass die Sätze 1 und 2 wahr sind. Dieser Schluss ist logisch wahr (notwendig wahr) – allerdings um den Preis, dass er nichts Neues zutage bringt.

In der *Induktion* (Hinleitung) wird von wahren singulären Sätzen (1) und (2) auf einen wahrscheinlichen generellen Satz (3) geschlossen:

> ☐ 1. „Diese Kartoffel stammt aus dieser Kiste."
> ☐ 2. „Diese Kartoffel ist braun."
> ☐ 3. „Alle Kartoffeln in dieser Kiste sind braun."

Wir schließen hier von einem Einzelfall auf eine Gesamtheit. Damit wird zwar eine neue Erkenntnis erzielt, sie ist aber nicht logisch (u.d.h. notwendig) wahr: Wir müssen, um sicher zu sein, wirklich alle Kartoffeln in der Kiste überprüfen, ob sie auch tatsächlich braun sind. Das mag im vorliegenden Fall eine Kleinigkeit sein, in den wirklich wissenschaftlich relevanten allgemeinen Sätzen (Gesetzesaussagen, Hypothesen, Regeln) birgt das die grundsätzliche Schwierigkeit, dass wir nie wirklich *alle* Elemente einer Gesamtheit überprüfen können.

Denken Sie bspw. an den Satz „Alle Schwäne sind weiß" (auch das ist wieder ein banaler Satz, aber durchaus als Beispiel geeignet). Woher wissen wir das? Was, wenn plötzlich ein schwarzer Schwan in Australien auftaucht?

Diese Schwierigkeit wurde von Karl R. Popper als „Induktionsproblem" bezeichnet – wir kommen noch darauf zurück.

In der *Abduktion* (Rückleitung) wird von einem wahren singulären Satz (1) über einen wahrscheinlichen oder bloß angenommenen generellen Satz (2) auf einen weiteren singulären Satz (3) geschlossen:

3. Hermeneutik: Verstehen

- 1. „Diese Kartoffel ist braun."
- 2. „Alle Kartoffeln in dieser Kiste sind braun."
- 3. „Diese Kartoffel stammt aus dieser Kiste."

Allerdings gibt es hier verschieden große Unsicherheiten, je nachdem welche Abduktion man riskiert: Angenommen, alle Kartoffeln in der Kiste sind tatsächlich braun, dann ist es zumindest fraglich, ob diese Kartoffel nicht auch ganz woandersher kommen könnte, obwohl es starke Indizien dafür gibt, dass sie aus der Kiste stammt (die Kartoffel liegt bspw. in der Nähe der Kiste). Eine starke Unsicherheit ist dann gegeben, wenn auch der generelle Satz (2) bloß eine Vermutung ist: Unter der Annahme, dass alle Kartoffeln in dieser Kiste braun sind, könnte diese Kartoffel aus der Kiste sein, – obwohl man weder weiß, dass alle Kartoffeln da drin braun sind, noch, dass diese eine Kartoffel wirklich aus der Kiste stammt …

Die Abduktion wird in der Logik häufig nicht als *gültige Schlussform* gesehen. Mit einer Abduktion wird bloß spekuliert, indem Indizien (Verhalten, Zeichen, Symptome) interpretiert werden.

Entsprechend der abduktiven Schlussform geht z.B.
- der Kriminalbeamte vor, der einen Tatverdächtigen überführen will, indem er außergewöhnliche Indizien sammelt, die sich durch die Hypothese erklären lassen, dass eine bestimmte Person der Täter ist, –
- oder der Arzt, der aufgrund von Symptomen eine (vorläufige, aber stets unsichere) Krankheitsdiagnose stellt.

In den empirischen Wissenschaften werden innovative und originelle Hypothesen durch Abduktion gewonnen. Nur so gelangt man überhaupt zu neuen Erkenntnissen. Andererseits sind diese neuen abduktiv gewonnenen Hypothesen immer unsicher und müssen unbedingt deduktiv an den Tatsachen (Daten) überprüft werden.

3. Hermeneutik: Verstehen

> Bilden Sie anhand der folgenden Sätze die für Deduktion, Induktion und Abduktion jeweils charakteristischen Schlussformen:
> 1. „Alle Katzen sind schwarz."
> 2. „Felix ist eine Katze."
> 3. „Felix ist schwarz."
>
> Zeigen Sie jeweils, warum die deduktive Schlussform logisch wahr (notwendig war, von Haus aus wahr, a priori wahr), die zweite bloß wahrscheinlich und die dritte sehr unsicher ist.

Zurück zu unserem Hauptthema: Warum hängt die *Abduktion* mit der *Hermeneutik* zusammen?

Ich will jetzt zeigen, wie sich die Abduktion für die formale Strukturierung (Formalisierung) des Verstehensprozesses und des sog. hermeneutischen Zirkels eignet – die bisher gezeigten Beispiele der Abduktion waren ja bloß banale Beispiele, die den Sinn haben, die allgemeine Struktur der Abduktion klar zu machen (Beispiele in der Logik sind immer irgendwie trivial...).

> Die Abduktion ist fundamental für das Verstehen und Erkennen im Allgemeinen. Denn auch in den alltäglichen Verstehens– und Kommunikationsprozessen *schließen* wir von einem Zeichen auf eine Bedeutung, von einem Verhalten auf eine Handlung.

Die Abduktion ist demnach nicht nur eine Schlussform in der Wissenschaft, sondern sie geschieht immer dann, wenn wir von einem Zeichen auf eine begriffliche Kategorie zurück schließen, unabhängig davon, ob es diese Kategorie bereits gibt oder ob wir sie erst erfinden.

3. Hermeneutik: Verstehen

Doch betrachten wir zuerst eine Reihe von Beispielen, um dann eine Systematik der abduktiven Schlussformen zu versuchen.

Ein Satz wie „Das ist ein Tisch" ist auf jeden Fall unproblematisch und konsensfähig, wir werden darüber sicher nicht streiten – aber trotzdem ist es eine *Abduktion*: Wir haben einen Gegenstand X, der die und die Merkmale aufweist, und verfügen über das Hintergrundwissen (Vorverständnis), dass alle Gegenstände, die in etwa diese Merkmale aufweisen, Tische sind; also mutmaßen wir – in diesem Fall ohne zu daran zu zweifeln –, dass Gegenstand X der Kategorie „Tisch" zugeordnet werden kann, mithin ein Tisch *ist*.

- Dieser Gegenstand hat eine Platte und vier Beine.
- *Alle* Gegenstände, die eine Platte und vier Beine haben, sind Tische
- Dieser Gegenstand ist demnach ein Tisch – ich kann ihn als Tisch bezeichnen.

Problematischer wird es, wenn wir als Psychologe oder Mediziner oder auch nur als Otto Normalverbraucher die Diagnose stellen „Dies ist ein Alkoholiker". Warum glauben wir, das mit gutem Gewissen sagen zu können? Auch in diesem Fall nehmen wir – implizit, stillschweigend – eine Regel (einen allgemeinen Satz) zu Hilfe, der eine Reihe von Merkmalen (Symptomen) dafür definiert, dass ein Mensch als Alkoholiker bezeichnet werden kann. Solche Zuschreibungen, Diagnosen, Mutmaßungen geschehen tagtäglich in der psychosozialen Praxis. Je höher der Anspruch in Richtung wissenschaftlich gesicherter Diagnosen geht, desto höher wird auch der Aufwand, die jeweiligen Kategorien zu definieren und für den vorliegenden Fall nachzuweisen – denken Sie bspw. an das Kategoriensystem ICD-10 (die International Classification of Deseases), wo Sie jeweils die Symptome und Indizien recherchieren können.

3. Hermeneutik: Verstehen

Davon zu unterscheiden ist schließlich jene abduktive Schlussfolgerung, bei der es die Kategorie – also die Regel, das Bündel von Merkmalen, welche den Fall definieren sollte – noch nicht gibt. Stellen wir uns einen Menschen X vor, der regelmäßig Alkohol trinkt, jedoch kein Suchtverhalten zeigt, auch keine selbstzerstörerischen Eigenschaften aufweist usw., sondern einfach gern Wein trinkt, aber so, dass dieser Konsum teilweise auch gesundheitsschädigende Auswirkungen hat. Wir können nun nicht einfach diagnostizieren, X ist ein Alkoholiker, da offenbar einige hiefür notwendige Symptome nicht zutreffen (Sucht usw.). Nehmen wir an, wir müssten nun eine neue Kategorie (Typ) für diesen Fall erfinden – ich gehe mal davon aus, dass es noch keine gibt. Wir könnten uns auf die Kategorie „habitualisierter, hedonistisch motivierter Alkoholkonsument" einigen – Fremdwörter klingen in der Wissenschaft immer gut, gemeint ist ein lustbetonter Gewohnheitstrinker. Wir haben also eine neue Kategorie geschaffen, aber nicht nur ein neues Etikett (Begriff, Label), sondern gleichzeitig auch eine neue Regel (Hypothese), nämlich, dass alle Menschen, die die genannten Eigenschaften aufweisen, so bezeichnet werden können. Diese neue Hypothese muss allerdings brauchbar sein: Ist es wirklich sinnvoll, diese Unterscheidung zu machen? Und trifft es auch zu, dass Menschen dieses Typs nicht wirklich auch Alkoholiker sind? Wir müssen ggf. auch den Begriff quantitativ operationalisieren (man muss in der Praxis der Diagnose was mit ihm anfangen können): Menschen, die mehr als ein Viertel Wein täglich trinken, gehören nicht mehr dazu ...

Immer schließen wir von Merkmalen auf einen Typ, von Zeichen (von Symptomen, von einem Verhalten) auf eine Bedeutung (eine Krankheit, eine Handlung). Doch dabei gibt es Unterschiede, wir können drei Formen der Abduktion unterscheiden:
1. *Die implizit subsumierende Abduktion*.
   In einem Fall steht die Abduktion außer Streit: „Eh klar, das ist ein Tisch!" In diese Kategorie fallen die vielen täglichen Ver-

3. Hermeneutik: Verstehen

stehens- und Kommunikationsprozesse. Wir sind sicher, die Bedeutung trifft den Kern der Sache, unser Vorverständnis erlaubt uns diese treffsichere Bedeutungszuweisung. Dass dieses Vorverständnis ein riesig komplexes System von Hypothesen ist, ohne das wir uns in der Lebenswelt nicht orientieren und verständigen könnten, wird nicht wahrgenommen. Die Spitze des Eisbergs – das funktionierende Verstehen – verbirgt seine Fundamente unter Wasser, weil Verstehen eben meistens tadellos funktioniert – und Zeichen, die tadellos verstanden werden, stehen dann für eine fixe Wirklichkeit.

> Bei der *implizit subsumierende Abduktion* werden Gegenstände (Zeichen...) aufgrund impliziten Wissens einer Bedeutung zugeordnet (subsumiert).

2. *Die explizit subsumierende Abduktion.*
Im zweiten Fall ist die Abduktion keineswegs so selbstverständlich – das ist das Alkoholiker-Beispiel. Wir wissen (oder sollten es wissen!), dass es nicht so einfach und eh klar ist, Sachverhalte (Zeichen, Symptome...) unter eine Kategorie zu subsumieren, wir benötigen ein explizites Regelwissen, um das wissenschaftlich fundiert tun zu können.

Übrigens macht dies auch einen der wesentlichen Unterschied zwischen Alltagstheorie und wissenschaftlicher Theorie aus: Alltagstheorien neigen eher zu implizit subsumierenden Abduktionen (wir unterstellen etwas einfach), wissenschaftliche Theorien reflektieren die Abduktion (Kategorisierung, Typisierung), sie definieren und operationalisieren Begriffe usw. Jeder, der bspw. in einem psychosozialen oder medizinischen Bereich tätig ist, muss deshalb Diagnosen und Zuschreibungen explizit – als unter Rückgriff auf Theorien, Regelwissen und Standards – vornehmen.

3. Hermeneutik: Verstehen

> Bei der *explizit subsumierenden Abduktion* werden Gegenstände (Zeichen, Symptome, ...) aufgrund eines expliziten (Regel-)Wissens einer Bedeutung (Handlung, Diagnose, .) zugeordnet (subsumiert).

3. *Die hypothetisch oder inventiv oder heuristisch subsumierende Abduktion*

Und dann gibt es schließlich den dritten Fall, wo noch kein implizites oder explizites Regelwissen vorhanden ist, aber die *Eigenart* des zu beschreibenden Sachverhalts es dennoch nicht erlaubt, einfach eine verfügbare Kategorie zu verwenden, also den Sachverhalt in eine Schublade zu zwängen, die irgendwie nicht ganz passt.

Hier entsteht dann ggf. eine neue Kategorie zusammen mit einer neuen Hypothese – dies ist der Königsweg der Abduktion. In dieser Form der Abduktion wird auch das Anliegen der Hermeneutik ernst genommen, Gegenstände, Zeichen, Menschen nicht einfach vorgegebenen Kategorien unterzuordnen, sondern sich um die theoretische Beschreibung ihrer Eigenart und Individualität zu bemühen.

Besonders in den Sozial- und Humanwissenschaften ist diese Form der Theoriebildung wichtig. Wir werden das im Folgenden auch im Zusammenhang mit der qualitativen Sozialforschung sehen.

> Bei der *hypothetisch* oder *inventiv* oder *heuristisch subsumierenden Abduktion* wird eine neue Kategorie (Theorie, Hypothese) als Regel gebildet, um einen Sachverhalt sinnvoll und brauchbar theoretisch bestimmen und beschreiben zu können. (lat. Invenire und griech. heurein = finden, suchen).

Ist die Abduktion nun eine brauchbare Schlussform?

3. Hermeneutik: Verstehen

In *logischer* Hinsicht sicher nicht: Denn logisch wahr ist das Ergebnis einer Abduktion allemal nicht, es ist ein Schuss ins Blaue, ein Raten, ein Lotteriespiel – im Vergleich zur Deduktion bspw., wo der Schluss beinhart und quasi automatisch aus den Prämissen folgt.

Brauchbar ist die Abduktion jedoch in *methodologischer* und *methodischer* Hinsicht, denn es ist ein zentrales Prinzip von Wissenschaftlichkeit, das Vorverständnis, aufgrund dessen man etwas versteht, zu explizieren, also das Regelwissen (die Hypothesen), aus denen abgeleitet wird, dass ein X der Kategorie Y subsumiert wird, zu klären und zu präzisieren und insofern auch für Gegenargumente zu öffnen.

Man kann sogar vermuten, dass es das Ziel der Wissenschaft ist – vornehmlich der Geistes-, Kultur- und Humanwissenschaften –, das komplexe Regelwissen, mit Hilfe dessen im Alltag und in jeweiligen beruflichen Praxisfeldern Prozesse der Kommunikation, des Verstehens, der Bedeutungszuweisung und Wertung funktionieren, zu explizieren, auf Unstimmigkeiten hin zu prüfen, von Einseitigkeiten und Fixierungen zu lösen – also klar zu machen.

Abschließend soll noch einmal der Zusammenhang zwischen der Abduktion und dem hermeneutischen Zirkel gezeigt werden:
1. Der Prozess des Verstehens beruht darauf, dass wir ein Zeichen aufgrund eines Vorverständnisses als Bedeutung verstehen – genauso verstehen wir auch ein Verhalten aufgrund eines Vorverständnisses als Handlung.
2. Dieses Vorverständnis haben wir, weil wir mit der Person, dessen Zeichen oder Verhalten wir verstehen, in einem Lebenszusammenhang stehen, eine gemeinsame Lebensform und Kultur haben, ähnliche Sozialisationserfahrungen hatten usw.
3. Doch was genau ist nun dieses Vorverständnis? Es ist eine *Hypothese*. Das Zeichen „Tisch" verstehen wir, weil wir schon

3. Hermeneutik: Verstehen

vorher wissen (vermuten oder annehmen), dass alle Gegenstände, die 4 Beine und eine Platte haben, als Tische bezeichnet werden – genau das ist das Vorverständnis. Das Verhalten „bleich im Gesicht" verstehen wir als Ausdruck von Angst, weil wir schon vorher wissen, dass Menschen, die bleich sind, Angst haben – auch ein Fall von Vorverständnis.

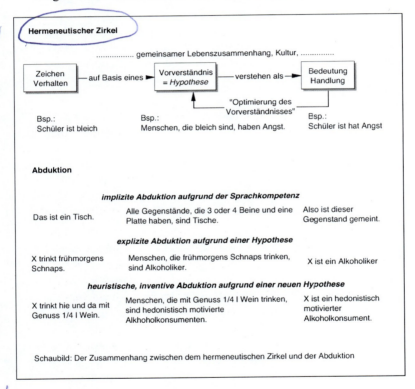

Schaubild: Der Zusammenhang zwischen dem hermeneutischen Zirkel und der Abduktion

4. Eine Hypothese im wissenschaftstheoretischen Sinn ist dieses Vorverständnis insofern, als es sich auf eine Gesamtheit bezieht („alle Menschen") und zugleich aber nur den Status einer

3. Hermeneutik: Verstehen

Annahme aufweist, also ein Wissen beinhaltet, auf dessen Gültigkeit wir uns entweder einigen oder das nur wahrscheinlich gilt. In allen drei unterschiedenen Formen der Abduktion ist dieses hypothetische Vorwissen der zentrale Kern, der es uns möglich macht, etwas zu verstehen, d.h. Begriffe und Kategorien sinnvoll zu verwenden.

Rekonstruieren Sie für die folgenden Abduktionen die jeweiligen Schlusssätze und begründen Sie, warum sie jeweils zu einem der Abduktionstypen gezählt werden können:

„Vom Vater wurde er oft geschlagen, später neigte er selbst zu Gewalt gegenüber anderen Kindern".

Lösung:

1. „X zeigt Gewaltverhalten".

2. „Kinder, die geschlagen werden, zeigen erhöhtes Gewaltverhalten." (Hypothese)

3. „X wurde von seinem Vater geschlagen und zeigt deshalb Gewaltverhalten."

Es handelt sich um eine heuristische Abduktion, da Satz 3 begründet wird mit der der neuen Hypothese 2.

Ein Schulkind zeigt langsame Bewegungen, ist meistens still, hat ein trauriges Gesicht ... Diagnose: psychogene Depression.

„Y ist ein Haus." Formulieren Sie einen generellen Satz, mit dem die Subsumtion des Gegenstandes X unter die Bedeutung (Kategorie) „Haus" begründet werden kann.

Eine zweifelhafte Abduktion: „X ist Ausländer, also faul."

3.4. Vorteile und Nachteile der hermeneutischen Position

Vorteile weist die hermeneutische Position in den folgenden Punkten auf:

Erstens ist sie *gegenstandsangemessen*: Hermeneutisch orientierten Methoden geht es primär immer um die Eigenart eines Phänomens (eines Textes, eines Datums, eines Verhaltens, eines Kunstwerks) – eine Methode der qualitativen Forschung bezeichnet sich deshalb sinnigerweise auch als *grounded theory*. Es werden viele Worte aufgewendet, um gerade die Individualität und Einzigartigkeit auf den Punkt zu bringen, vorschnelle Kategorisierungen werden vermieden. Verstehen beruht also keineswegs auf einem distanzierten Verhältnis von Forscher und Beforschtem. Beforschte Subjekte sind Teil des Forschungsprozesses.

Gleichzeitig wird zweitens auf das hermeneutische *Vorverständnis* des Verstehens verwiesen, dies wird explizit gemacht, der Forscher reflektiert auf seine eigenen Voraussetzungen, von denen her er versteht und interpretiert. Demnach sind hermeneutische Methoden tendenziell auf *Selbstreflexion* hin orientiert, die „Voraussetzungshaftigkeit allen Verstehens" (Hans-Georg Gadamer) wird thematisiert.

Drittens berücksichtigen hermeneutische Methoden auch den *historisch-genetischen Zusammenhang* des Verstehens: Das Vorverständnis des Forschers ist stets kulturell und traditionell bedingt („Prinzip der Wirkungsgeschichte"). Zudem ist Verstehen immer auch die Verbindung zweier Horizonte, des Horizonts des *Zu-Verstehenden* und des Horizonts des *Verstehenden*, beide Horizonte verbinden sich zu einem umfassenderen Horizont („Prinzip der Horizontverschmelzung").

Als nachteilig wird hingegen oft gesehen, dass hermeneutische Verfahren Phänomene nur so verstehen (wollen), wie sie sind, nicht

3. Hermeneutik: Verstehen

wie sie sein sollten, dass mithin keine Impulse für die Veränderung von Wirklichkeit zu erwarten sind, dass sie im schlechtesten Fall Praxis verfestigen (also konservativ orientiert sind), ohne zu fragen und zu bewerten, ob diese Praxis vernünftig oder sinnvoll ist. Also ein massiver Ideologieverdacht – wir werden sehen, dass diese Einwände vor allem von den Vertretern der Kritischen Theorie ins Feld geführt werden. Allerdings muss angemerkt werden, dass jede Interpretation immer auch eine implizite Wertung darstellt, da ja ein Phänomen immer im Lichte des eigenen Vorverständnisses verstanden wird. Hier können sehr wohl auch innovative und praxisverändernde Sichtweisen ins Spiel kommen, ohne dass diese thematisiert werden.

Auf unser Beispiel des *still und bleich in der Ecke stehenden Schülers* bezogen: In der abduktiven Interpretation dieses Verhaltens kommt nicht nur deskriptives Regelwissen zum Tragen, welches sich auf die Schule, das Leistungsdenken usw. bezieht, also systemstabilisierend wirkt, sondern auch *normatives* Regelwissen, das durchaus auch emanzipatorische, also verändernde Gesichtspunkte einbringt, wie die Hilflosigkeit des Schülers, seine Abhängigkeit von der Leistungsgesellschaft, die verlorene Unbeschwertheit der Kindheit usw. Klar zutage treten diese Veränderungstendenzen und -wünsche, wenn ein Pädagoge sich mit dieser Situation befasst: Sein Verstehen problematisiert immer auch Sinn, Zweck und Ziel pädagogischen Handelns, er bezieht sich demnach auch kritisch-wertend auf den *Status-Quo* schulpädagogischer Wirklichkeit, er will ja was ändern.

Ein ähnlicher Einwand bezieht sich darauf, dass Verstehen immer in eine Tradition eingebettet wird, dass also Tradition damit als vernünftig und nicht hinterfragbar stehen gelassen wird. Die Frage allerdings, von welchen übergeordneten Bezugspunkten her eine Tradition bewertet werden soll, ist nicht leicht zu beantworten: Habermas, ein Vertreter der Kritischen Theorie, nennt dafür z.B. die sog. Medien der Vergesellschaftung Arbeit, Sprache und Herrschaft

3. Hermeneutik: Verstehen

– wir kommen noch darauf zurück. Doch auch diese Bezugspunkte sind nicht der Stein oder der Prüfstein der Weisen, auch sie stehen in einer Tradition: in der Tradition der Kritischen Theorie und des Marxismus.

> Skizzieren Sie in Stichworten die Vor- und Nachteile der hermeneutischen Position. **?**

3. Hermeneutik: Verstehen

3.5. Übung: Textlektüre

Quelle: Gadamer, Hans-Georg (1972): Kapitel Sprachlichkeit als Bestimmung des hermeneutischen Vollzugs, In: Wahrheit und Methode. Grundzüge einer philosophischen Hermeneutik. 3., erweiterte Auflage. Tübingen: Mohr, Siebeck, S.374-375

Wir dringen damit in eine Dimension vor, die von der herrschenden Selbstauffassung der historischen Wissenschaften im allgemeinen verfehlt wird. Denn der Historiker wählt in der Regel die Begriffe, mit denen er die historische Eigenart seiner Gegenstände beschreibt, ohne ausdrückliche Reflexion auf ihre Herkunft und ihre Berechtigung. Er folgt allein seinem Sachinteresse dabei und gibt sich keine Rechenschaft davon, daß die deskriptive Eignung, die er in den von ihm gewählten Begriffen findet, für seine eigene Absicht höchst verhängnisvoll sein kann, sofern sie das historisch Fremde dem Vertrauten angleicht und so selbst bei unbefangenster Auffassung das Anderssein des Gegenstandes schon den eigenen Vorbegriffen unterworfen hat. Er verhält sich damit trotz aller wissenschaftlicher Methodik genauso wie jeder andere, der als Kind seiner Zeit von den Vorbegriffen und Vorurteilen der eigenen Zeit fraglos beherrscht wird.

Sofern der Historiker sich diese seine Naivität nicht eingesteht, verfehlt er unzweifelhaft das von der Sache geforderte Reflexionsniveau. Seine Naivität wird aber wahrhaft abgründig, wenn er sich der Problematik derselben bewußt zu werden beginnt und etwa die Forderung stellt, man habe im historischen Verstehen die eigenen Begriffe beiseite zu lassen und nur in Begriffen der zu verstehenden Epoche zu denken. Diese Forderung, die wie eine konsequente Durchführung des historischen Bewußtseins klingt, enthüllt sich jedem denkenden Leser als eine naive Illusion.

Die Naivität dieses Anspruchs besteht nicht etwa darin, daß eine solche Forderung und ein solcher Vorsatz des historischen Bewußtseins unerfüllt bleiben, weil der Interpret das Ideal, sich

3. Hermeneutik: Verstehen

selbst beiseite zu lassen, nicht genügend erreicht. Das würde immer noch heißen, daß es ein legitimes Ideal sei, dem man sich nach Möglichkeit annähern müsse.

Was die legitime Forderung des historischen Bewußtseins, eine Zeit aus ihren eigenen Begriffen zu verstehen, wirklich meint, ist aber etwas ganz anderes. Die Forderung, die Begriffe der Gegenwart beiseite zu lassen, meint nicht eine naive Versetzung in die Vergangenheit. Sie ist vielmehr eine wesensmäßig relative Forderung, die nur in bezug auf die eigenen Begriffe überhaupt einen Sinn hat. Das historische Bewußtsein verkennt sich selbst, wenn es, um zu verstehen, das ausschließen möchte, was allein Verstehen möglich macht. Historisch denken heißt in Wahrheit, die Umsetzung vollziehen, die den Begriffen der Vergangenheit geschieht, wenn wir in ihnen zu denken suchen.

Historisch denken enthält eben immer schon eine Vermittlung zwischen jenen Begriffen und dem eigenen Denken. Die eigenen Begriffe bei der Auslegung vermeiden zu wollen, ist nicht nur unmöglich, sondern offenbarer Widersinn. Auslegen heißt gerade: die eigenen Vorbegriffe mit ins Spiel bringen, damit die Meinung des Textes für uns wirklich zum Sprechen gebracht wird. ...

In der Angewiesenheit auf immer neue Aneignung und Auslegung besteht das geschichtliche Leben der Überlieferung. Eine richtige Auslegung an sich wäre ein gedankenloses Ideal, das das Wesen der Überlieferung verkennte. Jede Auslegung hat sich in die hermeneutische Situation zu fügen, der sie zugehört.

Um welches Thema geht es hier? Rekonstruieren Sie die Argumentation von Hans G. Gadamer.

Wie lassen Sie diese Überlegungen in Zusammenhang bringen mit dem hermeneutischen Zirkel?

3.6. Qualitative Forschungsmethoden

Wissenschaftstheoretische Positionen – um das nochmals zu betonen – sind nicht abgehobene, philosophische Theorien, sondern werden wirksam in der Forschungspraxis, in der Herangehensweise an den Forschungsgegenstand, in der Wahl der Methoden, im jeweiligen Erkenntnisinteresse.

Umgekehrt bedeutet dies auch, dass Wissenschaftler ihre Entscheidung für eine bestimmte Forschungsmethode immer auch wissenschaftstheoretisch begründen sollten; diese Entscheidung soll ja in jedem Fall die beste Wahl sein. Ein Kapitel über die wissenschaftstheoretische Verortung und Begründung gehört inzwischen zum Standard in jeder wissenschaftlichen Arbeit, auch in Diplomarbeiten: Besonders gilt dies für die Sozialwissenschaften, da hier ja eine breite Palette von Methoden zur Auswahl steht.

Im Folgenden sollen die aus der hermeneutischen Position „ableitbaren" Verfahren der qualitativen Sozialforschung betrachtet werden. Als Vorzug des hermeneutischen Ansatzes wurde gerade festgehalten, dass das Hauptaugenmerk primär der *Eigenart*, Individualität und Situativität von Akteuren, Phänomenen, Texten, Handlungen gilt, welche in ihrer jeweils einzigartigen Bedeutung erschlossen werden soll, ohne dass vorschnell auf verfügbare Kategorien und Theorien zurückgegriffen wird. Die Methode dafür ist das Verstehen.

Für die Durchführung eines Forschungsprojekts ist diese metatheoretische Vorgabe allerdings in Form konkreter Untersuchungsmethoden und -designs umzusetzen. Ziel ist, sowohl die hermeneutischen Bestimmungen des Verstehens umzusetzen (Vorverständnis, gemeinsame Lebensform, Horizontverschmelzung), aber auch die grundlegenden Ansprüche von Wissenschaftlichkeit zu wahren.

Dabei geht es vor allem um die *intersubjektive Nachprüfbarkeit* der Resultate – es geht um das alte Problem der Hermeneutik: Es ist gut, schön und recht, Zeichen (Texte ...) zu verstehen, wer sagt aber, dass sie richtig verstanden werden, und dass dies nicht vielmehr nur *subjektive* Phantasien des Forschers sind?

Quantitative Methoden tun sich hier um vieles leichter: Ihre Begriffe sind operationalisierbar und quantifizierbar, ihre Resultate sind insofern messbar und nachprüfbar, es geht um harte Daten. In den 70er und 80er Jahren wurde die qualitative Sozialforschung dezidiert als Oppositionsprogramm zu quantitativen Methoden propagiert, die Schwachstelle der qualitativen Methoden – ihre Objektivität und intersubjektive Nachprüfbarkeit – ist gerade in dieser Auseinandersetzung zutage getreten. Erst in den 90er Jahren hat sich die Tendenz breit gemacht, qualitative und quantitative Methoden in Frieden nebeneinander bestehen zu lassen – ja mehr noch: Zunehmend setzt sich die Überzeugung durch, dass für die Validität eines Forschungsprojekts ein Mix zwischen den beiden Methodenformen sinnvoll ist.

Und darin bestätigt sich auch, dass die Abduktion – als grundlegende Schlussform der qualitativen Methoden – wohl sehr viel Neues an Tageslicht bringt, dass aber Ergebnisse unbedingt auch einer deduktiven Überprüfung zu unterziehen sind. Qualitative Methoden sind tendenziell theorieerzeugend, quantitative hingegen theorieprüfend; mit qualitativen Methoden findet man Theorien, mit quantitativen Methoden müssen die gefundenen Theorien aber nachträglich überprüft werden.

Um Wissenschaftlichkeit zu sichern, wurden für die Methoden der qualitativen Sozialforschung – als Konkretisierung des Prinzips des hermeneutischen Verstehens – einige weitere Prinzipien formuliert:
1. Texte, menschliches Handeln usw. (also qualitative Daten) haben eine Bedeutung; Ziel des Forschers ist es, diese Bedeutung in ihrer *Eigenwirklichkeit* zu erfassen. Damit nicht der Forscher seine eigene Sicht der Dinge importiert und als jene des Beforschten unterstellt, muss er sich auf die Lebensform der

Beforschten einlassen (going native) und sich so weit als möglich die Sicht der Beforschten zu eigen machen (insider's view). Der Wiener Soziologe Roland Girtler hat sich zu diesem Zweck sogar in das Milieu von Kriminellen und Prostituierten begeben. Lesenswert ist übrigens seine ganz im polemischen Stil der 70er Jahre gehaltene „Einführung in die qualitative Sozialforschung" (Girtler 2001).

2. Dem entspricht auch das Prinzip der *Offenheit des Forschungsprozesses*. Quantitative Methoden kommen mit vorgefertigten Hypothesen und Theorien an den Forschungsgegenstand heran – kein Wunder: ihr Ziel ist ja die Bestätigung von Hypothesen. Qualitative Methoden hingegeben sind tendenziell theoriegenerierend ausgerichtet, folgerichtig darf die Fragestellung der Untersuchung nicht durch den Forscher auf von vornehrein festgelegte Aspekte und Theorien beschränkt bleiben.

3. In der Phase der Datenerhebung muss sichergestellt sein, dass der Beforschte seine *Eigendeutungen*, seine eigenen Konstrukte und Alltagstheorien einbringen kann – gut eignen sich hierzu offene, unstrukturierte Interviewtechniken.

4. Nicht zuletzt ist sicherzustellen, dass der Beforschte eine Art *Mitspracherecht* hat, nicht nur bei der Datenerhebung, sondern auch bei deren Auswertung und Interpretation. Heinze (2001) hat dafür den Begriff der „kommunikativen Validierung" geprägt: Forscher und Beforschte prüfen in einem gemeinsamen Abschlussgespräch die Validität der Forschungsergebnisse.

In den letzten 30 Jahren hat sich ein breites Spektrum an Verfahren und Methoden der qualitativen Sozialforschung entwickelt, sowohl im Bereich der Datenerhebung (Befragung, Beobachtung), als auch im Bereich der Datenauswertung (Qualitative Inhaltsanalyse, Objektive Hermeneutik, *Grounded Theory* ...).

Auffällig ist, dass die Standardisierung der Auswertungsverfahren jener der Erhebungsverfahren hinterher hinkt. So gibt es genaue

3. Hermeneutik: Verstehen

Anweisungen, wie bspw. ein narratives Interview oder ein Tiefeninterview zu führen ist, weniger hilfreich sind meistens die Anweisungen zur Auswertung der dabei erhobenen Daten.

Doch auch dies ist mit der Eigenart der hermeneutischen Position bzw. der qualitativen Methodologie zu erklären: Da es darum geht, neue und gegenstandsnahe Theorien zu entwickeln, ist ein standardisiertes Vorgehen grundsätzlich kontraproduktiv, Anleitungen können bestenfalls in Richtung einer „theoretischen Sensibilisierung" des Forschers erfolgen, um zur Vorsicht im Umgang mit bereits verfügbaren Theorien ermahnen – vgl. die *Grounded Theory* von Barney G. Glaser und Anselm L. Strauss (Strauss 1998).

| Skizzieren Sie, wie qualitative Methoden sowohl dem Prinzip der Hermeneutik (Verstehen subjektiver Sichtweisen der Beforschten) als auch dem Anspruch auf Wissenschaftlichkeit und intersubjektiver Nachprüfbarkeit gerecht werden können. | |

3.7. Übung: Textlektüre

Thema: Argumente gegen die quantitative Sozialforschung und den Kritischen Rationalismus

Quelle: Girtler, Roland (1984): Methoden der qualitativen Sozialforschung. Anleitung zur Feldarbeit. Wien u.a.: Böhlau, S. 25ff.

[S. 25]

Folgende Gründe sprechen gegen eine naturwissenschaftlich ausgerichtete, „positivistische" Soziologie und auch Ethnologie: 1. Die sozialen Phänomene („Tatsachen") existieren nicht außerhalb des Individuums (wie es Durkheim und seine Nachfolger meinen), sondern sie beruhen auf den Interpretationen der Individuen einer sozialen Gruppe. 2. Soziale Phänomene sind nicht so ohne weiteres „objektiv" zu identifizieren. Viele eher sind sie als soziale Handlungen von ihrem Bedeutungsgehalt her bzw. je nach Situation anders zu interpretieren. 3. Quantitative Messungen u. ä. Techniken können soziales Handeln nicht „wirklich" festhalten, sie beschönigen höchstens die diversen Fragestellungen. Tatsächlich führen sie sehr häufig dazu, daß dem Handelnden unterschoben wird, seine Handlung hätte eine bestimmte Bedeutung, die jedoch viel eher die des Soziologen ist als die des Handelnden. 4. Es ist problematisch, wie es allzugern in den Naturwissenschaften gefordert wird, vor der Untersuchung Hypothesen aufzustellen, um diese dann zu testen. Denn dies würde bedeuten, den Handelnden etwas aufzuzwingen, was sie vielleicht gar nicht ihrem Handeln zugrundegelegt haben. Demnach führt ein Forschungsvorgehen, welches meint, „naturwissenschaftlich-positivistisch" zu sein, keineswegs dazu, menschliches Handeln konsequent zu erfassen.

[S. 26]

3. Hermeneutik: Verstehen

Es werden zwar bei den konventionellen Verfahren Zahlen und Prozentzahlen in großer Menge angeboten, es wird jedoch kaum gezeigt, wie der Mensch wirklich handelt und wie seine Interpretationen des Handelns aussehen.

In der Soziologie haben sich Richtungen entwickelt, die diesem naturwissenschaftlichen Modell widersprechen. Es sind dies vor allem der „Symbolische Interaktionismus", wie er von G. H. Mead und H. Blumer konzipiert wurde, und die „Ethnomethodologie", welche von Garfinkel ins Leben gerufen wurde. Der „Symbolische Interaktionismus" geht davon aus, daß menschliches Handeln, wie oben bereits expliziert wurde, durch Symbole (Sprache, Kleidung, ...), welche mit kulturabhängigen Bedeutungen belegt sind, bestimmt ist. Die Menschen können demnach miteinander handeln, weil sie Symbolen (Wörtern usw.) dieselbe Bedeutung zuschreiben.

Einen ähnlichen Anspruch hat die Ethnomethodologie, deren Aufgabe es nach Garfinkel ist herauszufinden, wie die Gesellschaft zusammengefügt ist und wie die sozialen Strukturen des Alltagshandelns aussehen. Der Begriff Ethnomethodologie wurde von Garfinkel in deutlicher Anlehnung zur „Ethnoscience", einer wichtigen Ausrichtung der Sprachethnologie, entwickelt. Gegenstand der Ethnoscience ist die Erforschung des Wissens, welches die Mitglieder einer Kultur (Stammes) zur Hand haben und verwenden. Das Anliegen der Ethnomethodologie ist ähnlich, sie will die Methoden aufdecken, deren die Gesellschaftsmitglieder sich bedienen, um im Alltag handeln und bestehen zu können.

Die Ethnomethodologie ist charakteristisch für die anglo-amerikanische Soziologie, die sich in Nachbarschaft zur Kulturanthropologie oder Ethnologie sieht. Die Mitglieder einer Gruppe verstehen sich, dies ist der Hauptgedanke, nur deshalb, weil sie „im Moment" die Vernünftigkeit ihren jeweiligen Aussagen unterstellen. Diese unterstellte Vernünftigkeit des Handelns ermöglicht oft aus sehr bruchstückhaften Informationen die

3. Hermeneutik: Verstehen

Konstruktion der Bedeutung einer Situation. So z. B. bei einer Begrüßungsszene brauchen wir die Details nicht zu verstehen, ihren Sinn schließen wir aus den ausgetauschten

[S. 27]

Gesten und den Merkmalen der Situation (Weingarten und Sack, 1976, S. 7ff).

Garfinkel, der den Terminus Ethnomethodologie schuf, steht in der Tradition von Schatz und auch des Symbolischen Interaktionismus, denn auch ihm geht es um das „Wissen" und die als selbstverständlich genommenen und nicht hinterfragten Regeln einer kulturellen Gemeinschaft. Diese nicht hinterfragte Realität stand Garfinkel bei seinen Untersuchungen im Vordergrund, bei denen er zu demonstrieren versuchte, daß das fraglos von den Handelnden Hingenommene gar nicht so selbstverständlich ist. Durch sogenannte Schlüsselexperimente gelang es Garfinkel, diese Realitäten zu stören und sie dadurch auch den Handelnden deutlich zu machen. Ein solches Stören einer Realität wäre z. B., wenn man auf die üblich gestellte Frage „Wie geht es dir?", auf die ohnehin nicht entsprechend geantwortet werden soll, sehr detailliert auf seine persönlichen Probleme und die seiner Familie eingine, was der höflich Fragende ja gar nicht erwartet. Es kann dadurch zu einer Verunsicherung in der Situation kommen, da eine solche ausführliche Darstellung des eigenen und anderer Leiden in dieser Situation nicht erwartet wird. Man würde den so Antwortenden vielleicht als gestört, lästig o. ä. ansehen.

Für die Ethnomethodologie und überhaupt für die Sozial- bzw. Kulturwissenschaft, die sich mit dem Alltagshandeln des Menschen beschäftigt, ist also die soziale Situation, in der gehandelt wird, wichtig, um die Regeln der betreffenden Gruppe herausfinden zu können.

Damit steht eine solche Ausrichtung in einem bewußten Gegensatz zu einer Soziologie (oder Ethnologie), die mit Zahlen und

3. Hermeneutik: Verstehen

mathematischen Kurven das menschliche Handeln zu beschreiben glaubt, da sie den Handelnden, wie oben schon angedeutet, bloß als einen auf diverse Faktoren in einer bestimmten, voraussagbaren Weise Reagierenden sieht.

Der Handelnde wird somit als ein bloßer „Tepp" geschildert, dessen Handlungsweisen als Entsprechungen der von der Gesellschaft gehegten und vom Soziologen (Ethnologen) festgestellten Verhaltenserwartungen betrieben werden. Ein sol-

[S. 28]

cher Sozialwissenschafter sieht sich wohl als jemand, der über dem Handeln steht und der die Handelnden als bloße Objekte sieht, nicht jedoch als Subjekte, die ihre Welt selbst interpretieren. Das Individuum ist aber ein kompetent Handelnder, dem es möglich ist, in den alltäglichen Handlungssituationen sein Wissen (Schütz spricht vom „verfügbaren Wissensvorrat", s. o.) methodisch und situationsbezogen zu gebrauchen.

Soziologische Theorien bzw. Analysen sind nicht axiomatisiert wie die der Naturwissenschaften. D. h., sie sind keine Theorien, die durch Gesetze und Definitionen bestimmt sind, sondern für sie ist es charakteristisch, daß sie aus deskriptiven Feststellungen und Überlegungen bestehen, die sich auf konkrete soziale und historische Situationen beziehen. Der Forscher ist dabei selbst aktiv, da er die gewonnenen Daten auswählt und interpretiert. Das Alltagswissen (Vorverständnis) des Sozialforschers spielt daher bei der Forschung eine wesentliche Rolle, was in der traditionellen Sozialforschung bei der sogenannten Operationalisierung und Erstellung von Meßinstrumentarien kaum oder nicht berücksichtigt wird.

Schließlich liegt ein Problem der „Wissenschaftlichkeit", die durch das Messen soziologischer Daten zu erreichen geglaubt wird, darin, daß soziale Sachverhalte miteinander verglichen werden, die sich nur äußerlich gleichen.

3. Hermeneutik: Verstehen

So bedeutet es noch lange nicht dasselbe, wenn zwei Gerichtsverfahren, in denen es um Gewalttätigkeiten geht, das gleiche Ergebnis haben, obwohl rein äußerlich für den Beobachter die beiden Prozeßparteien nach Durchführung des Prozesses sich die Hand geben und so tun, als ob sie die „besten Freunde" wären. Was für den Beobachter als gleiches erscheint und als solches aufgezeigt wird, kann ganz verschiedene Motive haben. In dem einen Fall mag der Grund eine „show" sein, die vor dem Richter abgezogen wird, in einem anderen Fall die Freude über die Aussicht auf ein Schmerzensgeld auf der einen Seite und die Freude, zu einer geringen Strafe verurteilt worden zu sein, auf der anderen Seite.

Um welche Frage geht es in diesem Textausschnitt?

Skizzieren Sie kurz Girtlers Argumente gegen die quantitative Sozialforschung und den Kritischen Rationalismus.

Wie würden Sie – unabhängig – von den hier referierten und vorgebrachten Argumenten diese Frage beantworten?

Welche Argumente könnten Sie gegen Girtlers Position vorbringen?

3.8. Vertiefung: Grounded Theory

> Die *Grounded Theory*,
> - ist eine sehr häufig verwendete qualitative Methode,
> - sie ist international und interdisziplinär verwendet in Soziologie, Psychologie, Pädagogik, Wirtschaftswissenschaft, Ethnologie,
> - in den USA seit den 60er Jahren zentraler Bestandteil der qualitativen Sozialforschung – im deutschsprachigen Raum seit den 80er Jahren,
>
> Als *Grounded Theory* wird die Methode und eine nach dieser Methode erzeugte Theorie bezeichnet.
>
> Merkmale der Methode:
> - Primäres Ziel ist die *Theoriebildung*, nicht die Theorieüberprüfung,
> - *grounded*: bleibt in engem „Kontakt" mit dem Forschungsgegenstand,
> - das theoretische Vorwissen legt nicht fest, sondern *sensibilisiert*,
> - Datenerhebung und –auswertung sind nicht aufeinander folgend, sondern zyklisch: Je nach Ergebnis werden neue Daten erhoben (*theoretical sampling*).

Beispiel einer qualitativen Datenanalyse mit Atlas.ti

1. Forschungsfrage. Studiengründe und subjektive Berufsperspektiven von Studierenden der Pädagogik.

Als Methode der Datenerhebung verwenden wir einen einfachen Fragebogen. Da uns vor allem die *subjektiven Theorien* der Studierenden interessieren, entscheiden wir uns für eine qualitative Vorgehensweise – wir verzichten also bewusst auf eigene konkrete Vorstellungen, Hypothesen und Theorien über mögliche Gründe und Motivationen

2. Literaturrecherche und Theoriearbeit. Wir recherchieren Literatur zur Forschungsfrage: Gibt es einschlägige Studien? Welche Theorien und Konzepte gibt es zu den Begriffen „Motivation" usw.?

Wir klären also unser *theoretisches Vorwissen*: Welche Theorien (empirische, universal-formale, alltagstheoretische) sind für unsere Theoriearbeit relevant?

3. Datenerhebung. Wir verwenden einen einfachen Fragebogen, in dem einerseits demographische Daten erhoben werden (Alter, Geschlecht, Semester) und andererseits unter anderem auch offene, also zwei qualitativ orientierte Fragen gestellt werden:
- Aus welchen Gründen haben Sie das Studium der Pädagogik begonnen?
- Welche Berufsperspektiven erwarten Sie sich mit diesem Studium?

4. Datenauswertung

4.1. Vorbereiten des Datenmaterials:

Atlas.ti ist eines der besten Programme für die Qualitative Datenanalyse, es beruht auf der Methode der Grounded Theory, ist aber auch für andere inhaltsanalytische Verfahren geeignet. Ziel: Verwaltung von Daten: kontrastieren, sortieren, kodieren, visualisieren.

3. Hermeneutik: Verstehen

Wie arbeitet man in Altas.ti?

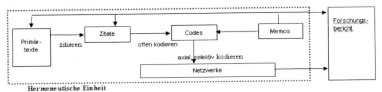

Vorbereitung in Atlas.ti:

- Anlegen einer hermeneutischen Einheit
- Einbinden der Primärtexte

4.2. Erste Lektüre

Alle Einfälle und Assoziationen, die in Richtung Interpretation und Hypothesenbildung gehen oder die die methodische Vorgehensweise betreffen, werden sofort notiert und in sog. „Memos" abgelegt. Dabei ergeben sich bereits wichtige Weichenstellung für die Theoriebildung

Beispiel eines Memos:

> „Gibt es überhaupt klar strukturierte Studienmotivationen, wie man es in einer quantitativen Herangehensweise annehmen würde? Oder nicht eher Schlüsselerlebnisse, biographische Ereignisse, Bedeutungszuweisungen, Situationen in Familie und Arbeitswelt für die Studienwahl entscheidend?" (Natürlich kann einem dieses Memo erst im nachfolgenden Schritt einfallen ...)

Oder:

> „Inwieweit fungieren biographische Umbruchsituationen (*critical life events*) als Studienmotivationen bei Studierenden der Erziehungswissenschaften?"

4.3. Kodieren

Kodieren bedeutet:
- ☐ Passagen aus dem Datenmaterial als bedeutsam auswählen (zitieren!) und
- ☐ durch ein Stichwort inhaltlich beschreiben: d.h. die Textpassage (ein Wort, ein Satz, ein Absatz) wird indexiert, kodiert, der betreffende Inhalt wird unter eine Kategorie subsumiert.

Das heißt praktisch: Man markiert eine Textpassage und schreibt ein Stichwort an den rechten Rand – das gilt für die herkömmliche Technik der Kodierung als auch für die computerunterstützte.

Kodieren in Atlas.ti:
textunabhängiges Kodieren:
- freies Codieren
- Codeliste (Kategoriensystem) zu Beginn festlegen
- Codes importieren

textabhängiges Kodieren:
- Passage markieren, zitieren und kodieren mit offenem Code
- mit In-Vivo-Code
- aus Liste wählen
- mit aktivem Code kodieren
- mit drag & drop

Nach der Grounded Theory kann man a) ein offenes, ein b) achsiales und ein c) selektives Kodieren unterschieden.

4.3.1. Offenes Kodieren

Damit beginnt die Textinterpretation: Von den Daten aus werden sukzessive Kodes entwickelt, also Bezeichnungen von Konzepten und Kategorien, die dann als Bausteine einer Theorie verwendet werden. Textpassagen sind also Indikatoren für ein Konzept.

Das offene Kodieren bewegt sich in einem Kontinuum zwischen *deskriptivem* Kodieren und *theoretischem* Kodieren. Das deskriptive Kodieren beschreibt „nur" den Inhalt des Textes, kommt also dabei ohne Theorie aus, das theoretische Kodieren beschreibt den Inhalt des Textes in einer theoretischen Sprache, wobei sehr wohl Theorie ins Spiel gebracht wird, das kann eine neue Theorie sein oder eine bereits vorhandene. Im letzteren Fall kann man das theoretische Vorwissen wieder unterscheiden in Alltagstheorie, empirische Theorie oder Universaltheorie.

Ein Beispiel für diese Unterschiede:

Ich meinem Beruf stellte ich fest, dass ein „Mag." in Österreich doch sehr viel Bedeutung hat.	Magister Akademischer Titel *Extrinsische Motivation*

Beim deskriptiven Kodieren wird man teilweise Stichwörter verwenden, die direkt aus dem Text entnommen sind (in unserem Beispiel „Magister"), also sog. „In-Vivo-Kodes" – oder Begriffe, die nach dem üblichen Sprachverständnis gültige Beschreibungen des jeweiligen Inhaltes sind (so ist „Akademischer Titel" ohne weiteres für die Beschreibung von „Mag." brauchbar). Mit dem Stichwort „Extrinsische Motivation" wird der Inhalt dieser Textpassage hingegen schon sehr *theoretisch* beschrieben, damit entfernt man sich abstraktiv sehr vom Text.

Im ersten Kodierdurchlauf wird also versucht, alle relevanten Themen des Textes durch deskriptive Kodes abzubilden. Kodes fungieren gleichsam als Hinweistafeln, wo im Text von welchem Thema die Rede ist. Man schafft damit eine Karte der thematischen Landschaft des Textes, in der man auch die Gewichtung der einzelnen Themen erkennen kann.

Bisher jetzt arbeitet man noch mit dem Text selbst, man kodiert auf der textuellen Ebene. Auf der konzeptionellen Ebene kodiert man, wenn man sich nicht mehr direkt mit dem Text befasst, sondern die Kodes, Konzepte und Kategorien selbst unter die Lupe nimmt. Zu-

3. Hermeneutik: Verstehen

erst gilt es, Ordnung zu schaffen, wofür sich mehrere Möglichkeiten anbieten:

- o Durch Vergleichen der Kodes und der ihnen zugeordneten Zitate kann man themengleiche Kodes durch einen gemeinsamen Kode ersetzen, dadurch wird die Themen-Landschaft noch übersichtlicher abgebildet:
  bspw. „Akademischer Titel", „Akademischer Grad", „Uni-Abschluss" können durch „Akademischer Abschluss" ersetzt werden

- o Man kann einzelne Kodes einem Überbegriff zuordnen, diese Kodes sind dann Subkategorien einer Kategorie –dies ist bereits eine abstraktive theoretische Intervention:
  bspw. „Beruflicher Aufstieg", „Akademischer Abschluss", „Finanzielle Verbesserung" werden der Kategeorie „Extrinsische Studienmotivation" zugeordnet
  und „Persönlichkeitsbildung", „Wissenschaftliches Interesse" der Kategorie „Intrinsische Motivation".

- o In ATLAS.ti gibt es auch die Möglichkeit, „Familien" zu bilden, die auf *formalen* Ordnungskriterien beruhen.

Zwischendurch schreiben wir wieder ein Memo:

Gibt es überhaupt klar strukturierte Studienmotivationen (wie in der quantitativen Herangehensweise implizit angenommen wird) oder eher Schlüsselerlebnisse, die für die Studienentscheidung tragend sind, also unbewusste/bewusste Ereignisse, Situationen in Familie, Arbeitswelt, individuelle Lebensentwürfe ...?

Die Vielfalt der biographischen Hintergründe und Geschichten lässt sich nicht so leicht den quantitativen Antwortvorgaben subsumieren (unterordnen): Ist die quantitative Vorgehensweise überhaupt in diesem Fall eine valide Methode?

4.3.2 Achsiales Kodieren

Das Wichtigste steht noch bevor: die Theoriebildung. Da dies durch Vernetzung der einzelnen Kodes geschieht, arbeitet man in ATLAS.ti meist mit einem Netzwerkeditor, in dem sich die Relationen zwischen den Kodes (als Knoten) visualisiert darstellen lassen. Ein Schritt in diese Richtung ist das sog. achsiale Kodieren. Achsial kodieren bedeutet, wichtige Kodes (Kategorien) nach deren Kontext abfragen: Ein Kode fungiert dabei gleichsam als Achse, um die herum andere Kodes relational gruppiert werden. Die Entwickler der Grounded Theory, Strauss und Corbin, haben für dieses Kontextualisieren auf etwas prätentiöse Weise den Begriff „Kodierparadigma" geprägt: Gemeint sind damit bloß die altbekannten "sieben W's " des Journalismus, also Wer, wie, wo, wann, wann, mit wem, warum, auf die hin ein Kode achsial kodiert werden soll.

4.3.3 Selektives Kodieren

Beim selektiven Kodieren werden gleichsam die Fäden zusammengezogen: Ein Kode wird dabei als Kernbegriff ausgewählt, meist eine prominente Achsenkategorie, die die Fragestellung der Untersuchung zum Ausdruck bringen. Einen Kernbegriff kann man auch erkennen, wenn man sich an diesem Punkt der Analyse die Frage stellt, um was es bei den Daten und den „wichtigen Details" eigentlich „im Kern" geht. Zu dieser Kernkategorie werden die anderen Kategorien in Beziehung gesetzt.

Arbeiten auf der textuellen Ebene werden im Netzwerkeditor durchgeführt, in dem man die Codes ordnen, sortieren, miteinander verknüpfen, und Achsen- und Kernkategorien zuordnen kann.

3. Hermeneutik: Verstehen

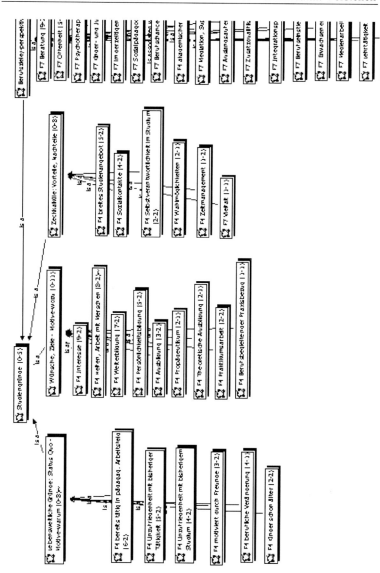

Auf diese Weise gelangt man zu den ersten Ansätzen einer Theorie – in diesem Netzwerk springt Theorie quasi ins Auge ... Erste Fragmente werden in Memos festgehalten.

4.4 Memos

Das Verfassen von Memos begleitet ständig den Kodierprozess. Memos dokumentieren den Theoriebildungsprozess und sind eine wichtige Basis für den Forschungsbericht – Memos werden dann einfach als Textbausteine in den Forschungsbericht eingefügt werden. Memos können wie alle anderen Datentypen auch natürlich geordnet und sortiert werden.

Die Studiengründe sind unterschiedlichen Dimensionen zuzuordnen:

a) lebensweltliche Gründe, Motive warum, meist die jeweiligen biografischen Situationen, die als Schlüsselerlebnis und Auslöser fungieren,

b) Wunschvorstellungen, Ziele, Motive wozu, also biografische „Skripts", die orientierend wirksam sind,

c) klare Zweckkalküle über Vor- Und Nachteile – interessanterweise sind diese in der Minderheit, während bei einer quantitativen Analyse meist unterstellt wird, dass klare Entscheidungssituationen vorliegen...

d) Berufsperspektiven, quasi als Summe von a), b) und c) im Hinblick auf konkrete Zukunftsplanungen.

Diesen theoretischen Kategorien lassen sich die deskriptiven Kategorien (mit denen die Kodierung begonnen hat) zuordnen.

Und jetzt folgt eine schöne Hypothese:

Jede individuelle Entscheidung, das Studium der Pädagogik zu beginnen, lässt sich als Zusammenspiel dieser Dimensionen beschreiben – oder so ähnlich.

4. Kritischer Rationalismus: *Erkären*

4.1. Erklärung, Prognose, Technologie

Ganz anders als die Hermeneutik und die qualitative Sozialforschung gehen der Kritische Rationalismus und die quantitative Sozialforschung an den Forschungsgegenstand heran. Ziel ist nicht mehr die größtmögliche Nähe zum Forschungsgegenstand und die theoretische Beschreibung seiner Eigenart; auch liegt das Hauptaugenmerk nicht mehr darauf, wie neue Begriffe, Hypothesen und Theorien entdeckt werden und wie dieser Prozess wissenschaftlich gesichert, also intersubjektiv nachprüfbar gestaltet werden kann.

Im Gegenteil: Der Forscher steht in angemessenem Abstand zum Forschungsgegenstand, er forscht in klinisch sauberer Umgebung und am grünen Tisch, das *going native* liegt ihm keineswegs, und er bastelt wie ein Ingenieur an der Bestätigung seiner Theorien, wobei die Frage, wie er zu einer neuen Theorie kommt (durch Induktion, Magie oder Inspiration), für die Theorie selbst weitgehend unwichtig ist.

Der Kritische Rationalismus, wie er von Karl R. Popper entworfen wurde, ist deutlich auf *naturwissenschaftliche* Methoden und Verfahren zugeschnitten. Trotzdem wurde er auch als wissenschaftstheoretische Basis für die Sozialwissenschaften propagiert – von Popper selbst, aber vor allem von Hans Albert und dem Erziehungswissenschaftler Wolfgang Brezinka.

Es ist jedoch eine grundsätzliche Frage, inwieweit diese Position den Geistes- und Sozialwissenschaften überhaupt angemessen sein kann.

Denn erstens klammert sie das Verstehen aus, und Verstehen ist für diese Wissenschaften nun einmal zentral, wie bereits Dilthey, der

4. Kritischer Rationalismus: Erklären

erste Wissenschaftstheoretiker der Geisteswissenschaften, festgestellt hat.

Zweitens ist sie nicht *handlungs-*, sondern *verhaltenstheoretisch* orientiert, d.h. menschliches Tun wird nicht als Handlung mit Sinn, Bedeutung und Zweck interpretiert, sondern rein als Verhalten.

Und drittens trägt sie eher Theorien von außen an den Forschungsgegenstand heran. Obwohl also viel gegen eine Sozialwissenschaft spricht, die sich nur am Kritischen Rationalismus orientiert, ist diese wissenschaftstheoretische Position dennoch auch für die Sozialwissenschaften wichtig:

Denn das Ziel jeder wissenschaftlichen Theorie (auch der geistes- und sozialwissenschaftlichen) ist die Verallgemeinerbarkeit, also die Formulierung von generellen Aussagen (Hypothesen), aus denen dann Erklärungen für Einzelfälle oder Prognosen von Einzelfällen oder Technologien für praktisches Handeln in Einzelsituationen abgeleitet werden können.

Aber was heißt nun *Erklären*?

> Erklären heißt, ein Ereignis aus mindestens einem allgemeinen Gesetz und Randbedingungen zu deduzieren.

Das Ereignis, das erklärt werden soll, ist das *Explanandum* (das Zu-Erklärende; lat. explanare = erklären).

Die Sätze, mit denen es erklärt wird (der allgemeine Satz und die Randbedingungen), ist das *Explanans* (das Erklärende) oder die Explanantes (die erklärenden Sätze).

Nehmen wir unser Beispiel *Der Schüler steht still und bleich in der Ecke*.

Explanans	Allgemeine Gesetze (Hypothesen)	Immer wenn Menschen sich in einer unklar definierten Situation befinden, verspüren sie Stress.
		Stress verursacht immer eine Verengung der Blutgefäße.
		Verengte Blutgefäße verursachen immer bleiche Hautfarbe.
	Randbedingungen	Die Situation vor Rückgabe der Klassenarbeit ist für den Schüler unklar definiert.
Explanandum	Ereignis	⇨ Der Schüler steht still und bleich in der Ecke

Wir erkennen hier im Grunde die logische Schlussform der *Deduktion*: Aus einem oder mehreren allgemeinen Sätzen wird mit mithilfe von singulären Sätzen ein Satz logisch korrekt abgleitet. Das Schema dieser deduktiven Erklärung ist nach den amerikanischen Wissenschaftstheoretikern Hempel und Oppenheim benannt: *Hempel-Oppenheim-Schema*, oder auch abgekürzt H-O-Schema.

Aber nicht jede Erklärung nach diesem Schema ist von Haus aus gültig. Vielmehr muss der Wissenschaftler seine Erklärungen genau prüfen, ob sie den sog. Adäquatheitsbedingungen entsprechen – das ist aus der Sicht des Kritischen Rationalismus ein wichtiger Schritt in der Qualitätssicherung von Wissenschaft.

1. Der Schritt vom Explanans zum Explanandum muss logisch korrekt erfolgen – entsprechend der Schlussform der Deduktion. Das ist in den meisten Fällen kein Problem, wenn die folgenden Bedingungen erfüllt sind.
2. Das Explanans muss einen allgemeinen Satz enthalten, der einen empirischen Gehalt hat. Man kann also nicht einfach sagen: Immer wenn Menschen den Atem der Schicksalsgeister verspüren, empfinden sie Angst und Unsicherheit. Denn diese

4. Kritischer Rationalismus: Erklären

Schicksalsgeister sind nicht empirisch nachweisbar oder operationalisierbar nach Körpergröße, Gewicht usw.
3. Die Sätze im Explanans (insbesondere die Randbedingungen) müssen wahr sein, also auf Tatsachen zutreffen.

Jedoch auch damit ist noch nicht die Gültigkeit der Erklärung vollständig gesichert. Für naturwissenschaftliche Zusammenhänge sind diese Gültigkeitskriterien ausreichend, wie in diesem von Popper selbst verwendeten Beispiel zu erkennen ist:

„Wie haben z.B. das Zerreißen eines Fadens ‚kausal erklärt', wenn wir festgestellt haben, dass der Faden eine Zerreißfestigkeit von 1 kg hat und mit 2 kg belastet wurde. Diese ‚Erklärung' enthält mehrere Bestandteile; einerseits eine Hypothese: ‚Jedesmal, wenn ein Faden mit einer Last von einer gewissen Mindestgröße belastet wird, zerreißt er' – ein Satz, der den Charakter eines Naturgesetzes hat; andererseits die besonderen, nur für den betreffenden Fall gültigen Sätze [in unserem Beispiel sind es zwei]: ‚Für diesen Faden hier beträgt diese Größe 1 kg', und: ‚Das an diesem Faden angehängte Gewicht ist ein 2-kg-Gewicht'." (Popper)

Man kann hier eindeutig und empirisch durch Messung nachweisen, ob die Randbedingungen zutreffen oder nicht. Aber für sozial- und humanwissenschaftliche Kontexte ist die Situation nicht ganz so einfach.

Das erkennt man bereits bei unserem Praxisbeispiel mit dem bleichen Schüler: Woher weiß man, dass die Randbedingung, nämlich, *dass die Situation vor Rückgabe der Klassenarbeit für den Schüler unklar definiert ist*, überhaupt zutrifft? Nur wenn dies gesichert ist, ist die dann folgende Erklärung gültig: *Weil* unklare Situationen Stress bewirken, *weil* Stress die Blutgefäße verengt, *weil* die Verengung der Blutgefäße eine bleiche Hautfarbe zur Folge hat, *und weil* sich der Schüler in einer unklar definierten Situation befindet, *deshalb* sieht der Schüler bleich aus.

4. Kritischer Rationalismus: Erklären

Aber nochmals: Woher weiß man aber, *dass* die Situation für ihn unklar definiert wird?

Weil wir im Vorfeld dieser deduktiven Erklärung eine *Abduktion* durchgeführt haben: Wir haben aufgrund unseres Vorverständnisses, aufgrund unserer Kenntnis der Situation von einigen Indizien und Symptomen (der bleichen Hautfarbe) auf einen psychischen Zustand geschlossen. Wir haben das Verhalten des Schülers *verstanden*.

Allgemein kann man deswegen sagen, dass im Bereich der Sozial- und Humanwissenschaften die Gültigkeit von Erklärungen nur dann gesichert ist, wenn im Vorfeld plausible und intersubjektiv nachprüfbare Abduktionen stattgefunden haben. Ansonsten gibt es hier eine undichte Stelle: Diese wird von den Vertretern des Kritischen Rationalismus allerdings meist verschleiert, da man zu sehr auf die logische Gültigkeit der deduktiven Schlussform fixiert ist.

Dass jedoch auch hier Bedingungen von Wissenschaftlichkeit zu beachten sind, wird übersehen, weil die wissenschaftstheoretische Konzeption der Sozialwissenschaften gemäß dem Kritischen Rationalismus doch zu sehr am Beispiel der Naturwissenschaften orientiert ist. Und für diese ist das Verstehen von Zeichen ja im Allgemeinen kein Problem. Für die Sozialwissenschaften ist also zu fordern, dass neben der Gültigkeit von Erklärungen auch die abduktiven Interpretationen, die im Vorfeld der Erklärung getätigt werden müssen, zu beachten sind.

Die Erklärung eines Sachverhalts ist jedoch nicht das einzige Erkenntnisinteresse des Kritischen Rationalismus. Das deduktive H-O-Schema kann nämlich auch verwendet werden, um *Prognosen* oder *Technologien für praktisches Handeln* abzuleiten.

Unser Beispiel kann auch auf die folgende Weise in eine *Prognose* umgeformt werden:

4. Kritischer Rationalismus: Erklären

> - *Wenn* Menschen in unklaren Situationen Unsicherheit empfinden, dies zu einer Verengung der Blutgefäße führt und dies wiederum zur Folge hat, dass die Haut bleich aussieht,
> - und *wenn* die Rückgabe einer Klassenarbeit eine unklar definierte Situation ist,
> - *dann* werden Schüler bleich und still in der Ecke stehen.

Ein Lehrer wird das also voraussehen und, je nach dem ob er ein guter Lehrer ist, auch versuchen, durch entsprechende Interventionen (Gespräch mit den Schülern, gelöste Atmosphäre usw.) die Situation zu entschärfen.

Einem bösen Lehrer – angenommen, es gibt solche – könnte sogar daran gelegen sein, die Schüler zu ängstigen und zu terrorisieren. Er wird also nach einer zielführenden *Technologie für sein praktisches Handeln* suchen – und eine solche leicht finden, wenn er einfach die Erklärung bzw. die Prognose entsprechend umformt:

> - *Wenn* Menschen in unklaren Situationen Unsicherheit empfinden, dies zu einer Verengung der Blutgefäße führt und zur Folge hat, dass die Haut bleich aussieht,
> - wenn ich will, dass die Schüler bleich und still sind,
> - dann schaffe ich mit der Rückgabe einer Klassenarbeit eine solcherart unklar definierte Situation

	Erklärung Was ist die Ursache?	Prognose Was sind die Folgen?	Technologie Wie wird Ziel erreicht?
Gesetzesaussage	gesucht	Gegeben	Gegeben
Randbedingung	gesucht	Gegeben	Gesucht
Ereignis	gegeben (Faktum)	gesucht (Folge)	gegeben (Ziel)

4. Kritischer Rationalismus: Erklären

Und an einem Beispiel illustriert:

	Erklärung	Prognose	Technologie
	Was ist die Ursache?	Was ist die Folge?	Wie wird Ziel erreicht?
	Sicht des Kriminalbeamten	Sicht Gerichtsmediziner	Sicht des Mörders
Gesetzesaussage	Menschen, die Zyankali schlucken, sterben.	Menschen, die Zyankali schlucken, sterben.	Menschen, die Zyankali schlucken, sterben.
Randbedingung	X hat Z. geschluckt	X hat Z. geschluckt	X muss Z. schlucken!
Ereignis	X ist tot	X wird sterben	X soll sterben

Illustrieren Sie am Faden-Beispiel von Karl R. Popper anhand der obigen Tabelle jeweils Erklärung, Prognose und Technologie.	

4.2. Das Induktionsproblem und die Falsifizierbarkeit

Warum wird diese wissenschaftstheoretische Position als *Kritischer Rationalismus* bezeichnet?

Rational oder *rationalistisch* ist diese Position insofern, als der Forscher die Wirklichkeit nicht einfach beschreibt, wie sie ist (sofern das überhaupt möglich ist!), sondern rationale Konstruktionen über die Wirklichkeit entwirft. Und rational sind diese Konstruktionen deswegen, weil sie nur in der Theorie existieren, weil es ja in der Realität bspw. keine Entsprechungen für allgemeine Gesetze – etwa allgemeine Tatsachen – gibt.

Konstruieren lässt sich allerdings viel: Auch fiktive oder virtuelle Realitäten oder Träume sind Konstruktionen. Warum darf aber angenommen werden, dass wissenschaftliche Theorien, die konstruiert werden, geeignet sind, die Wirklichkeit adäquat zu beschreiben, also insofern brauchbare Hilfsmittel bereitstellen, um Tatsachen zu erklären, Sachverhalte zu prognostizieren oder herbeizuführen?

Die Wissenschaftlichkeit von Theorien hängt sicher zum Einen davon ab, dass Theorien auf der Basis anderer bereits verfügbarer und bewährter Theorien entwickelt bzw. weiterentwickelt werden. Zweitens werden Hypothesen durch Abduktion gewonnen, wobei es – wie bereits gezeigt – keinen logisch zwingenden Zusammenhang zwischen Einzeltatsachen und einer Hypothese gibt. Die abduzierte Hypothese hat, bevor sie sich deduktiv hinlänglich bewährt hat, lediglich den Status einer Arbeitshypothese: Es *könnte* sein, dass *alle X* so sind, allerdings wäre dies *brauchbar*, um das Rätsel, das uns *ein X* aufgibt, zu verstehen und zu erklären. Ein dritter Weg, um zu Hypothesen zu gelangen, ist die Induktion, in der von einzelnen Fällen auf ein allgemeines Gesetz geschlossen wird: In der mir bekannten Welt sehe ich nur weiße Schwäne und davon ausgehend induziere ich die Hypothese, dass alle Schwäne weiß sind.

Es scheint also, dass die Induktion der wahre Weg zu Hypothesen und Theorien ist. Auch im Alltag schließen wir sehr schnell und oft zu schnell von einigen Fällen auf alle: Z.B. sind mir *einige* arbeitsscheue Ausländer bekannt – oder gar nur *ein* Ausländer, also schließe ich: *Alle* Ausländer sind arbeitsscheu – und von nun ab ist *jeder* Ausländer, der mir begegnet, ein arbeitsscheues Element, und *kein* Ausländer arbeitet gern, und es gibt *keinen einzigen* Ausländer, der ...

Wie gefährlich diese induktiven Fehlschlüsse sein können, kann man immer wieder im Lauf der Menschheitsgeschichte sehen, wenn sie zu Ideologien und politischen Programmen werden. Und es ist sehr nahe liegend, dass der Stoff, aus dem diese Induktionen sind, vor allem im Bereich der Psychologie des Einzelnen oder der Kultur einer Gruppe zu suchen sein wird als in der nüchternen Welt der Wissenschaft. Dieser *Psychologismus*, mit dem induktive Schlüsse behaftet sind, ist *ein* Grund, warum der Kritische Rationalismus die Induktion als nicht wissenschaftlich gültige Schlussform ablehnt.

Der Hauptgrund jedoch besteht darin, dass die Induktion grundsätzlich *unvollständig* ist. Dahinter verbirgt sich das sog. *Induktionsproblem*: Man kann niemals alle Gegenstände und Ereignisse, über deren Gesamtheit die induktiv gewonnene Hypothese eine generelle Aussage macht, überprüfen. Ich kann nicht mit Sicherheit annehmen, dass nicht irgendwann irgendwo einmal ein schwarzer Schwan auftauchen wird: Also ist die Induktion von einigen oder allen bisher bekannten Schwänen, die tatsächlich weiß sind, auf die generelle Aussage, dass wirklich *alle* Schwäne weiß sind, ungültig.

Bedeutet das nicht auch, dass allgemeine Sätze nicht wahr sein können? Geht damit nicht die Wissenschaftlichkeit der Wissenschaft den Bach hinunter? Wenn das Ziel der Wissenschaft wie ge-

4. Kritischer Rationalismus: Erklären

sagt darin besteht, generelle Sätze aufzustellen, und diese Sätze nun prinzipiell nicht wahr sein können, was haben wir dann von der Wissenschaft?

In der Tat: Allgemeine Sätze sind nicht wahr und können es nicht sein, denn sie können nie endgültig als wahr erwiesen werden. Doch deshalb sind sie nicht von Haus aus schon falsch. Allgemeine Sätze sind Hypothesen, Vermutungen, Annahmen, die sich bewähren müssen. Eine Möglichkeit ist nun, dass wir wieder auf die Reise durch das Universum gehen, um an *allen* Einzelfällen nachzuweisen, dass die Hypothese zutrifft. Auch das scheitert am Induktionsproblem: Wir werden nämlich nie wirklich alle Einzelfälle aufsuchen *können*, also können wir die Hypothese auch nicht endgültig bewahrheiten (verifizieren).

Was haben wir dann aber von allgemeinen Sätzen, die nie endgültig verifizierbar sind? Der Philosoph Popper verabschiedet sich vom Anspruch der Bewahrheitung von Hypothesen und tritt die Flucht nach vorn an: Wir haben so lange etwas von den Hypothesen und Theorien, als sie sich bewähren. D.h. aber auch, dass wir die Brauchbarkeit von generellen Sätzen dadurch sichern müssen, dass wir versuchen, sie zu falsifizieren.

Um die Brauchbarkeit von Hypothesen, mithin die *Wissenschaftlichkeit* von Wissenschaft, zu sichern, müssen diese einer ständigen Prüfung unterzogen werden. *Kritisch* ist der Kritische Rationalismus insofern, als der Forscher sich bemühen muss, seine Hypothese kritisch zu überprüfen, da sich diese niemals und für immer als wahr erweisen kann – sie ist grundsätzlich fallibel (fehlbar).

Wie geht nun die Überprüfung vor sich? Jede generelle Aussage kann in die Negation eines singulären Satzes umgeformt werden. Bspw. ist der Satz „Alle Menschen, die Zyankali schlucken, sterben." logisch äquivalent (bedeutungsgleich) mit dem Satz „Es gibt keinen Menschen, der nicht stirbt, wenn er Zyankali schluckt". Gibt es nun doch einen Menschen, der nachweisbar *nicht* stirbt, wenn er Zyankali schluckt, dann ist die Hypothese falsifiziert und unbrauchbar, sofern sie nicht durch zusätzliche Präzisierungen und Hilfshypothesen gestützt wird – bspw. indem man auch die Menge des verabreichten Giftes spezifiziert usw.

Die klassische Überprüfungsmöglichkeit in der Wissenschaft ist das *Experiment*: Man stellt die Randbedingungen künstlich her, deduziert die Prognose aus der generellen Aussage (Hypothese), und sieht nach, ob der Fall eintritt.

Im Zyankali-Beispiel: Man verabreicht Zyankali und wartet, was passiert; stirbt der Mensch, dann hat man zwar einen Menschen auf dem Gewissen, aber die Hypothese hat sich bewährt (und es kann sein, dass dies für einen Wissenschaftler oft wichtiger ist), die Hypothese nämlich, dass alle Menschen, denen man Zyankali verabreicht, sterben...

Auch der Mörder macht ein Experiment, wenn er der *Technologie* entsprechend seinem Opfer das Gift in das Glas schüttet. Wirkt das Gift, ist er zufrieden, die Hypothese und die Technologie hat sich bewährt; wirkt es nicht (falls er es mit einem Zyankali-resistenten Opfer zu tun hat), ist die Hypothese falsifiziert – und er wird auf den Wissenschaftler schimpfen, der diese Hypothese aufgestellt hat, ihm damit aber eine ineffiziente Technologie angeboten hat.

Damit diese Überprüfungsmöglichkeiten (Nachweis an Einzelfällen, Experimente) funktionieren, müssen Hypothesen aber grundsätzlich *falsifizierbar* sein. D.h. ein genereller Satz wie „Menschen, die den Hauch der Schicksalsgeister spüren, werden bleich im Gesicht" ist nicht falsifizierbar, da es keine Möglichkeit gibt, den Begriff Schicksalsgeist zu operationalisieren, mithin auch keine Möglichkeit nachzuweisen, ob Schicksalsgeister Menschen anhauchen können. Solche Sätze sind unwissenschaftlich und unsinnig.

4. Kritischer Rationalismus: Erklären

> Was bedeutet „rational" und „kritisch" im Kritischen Rationalismus?
> Was ist das Problem beim Induktionsproblem?
> Was ist das Kriterium von Wissenschaftlichkeit im Kritischen Rationalismus?
>
> **?**

4.3. Die Werturteilsfreiheit der Wissenschaft

Damit ist nun zwar ein – vor allem in den Naturwissenschaften – sehr brauchbares *Sinn-Kriterium* für die Wissenschaftlichkeit von Hypothesen gewonnen, allerdings hat dies zur Folge, dass einige Sätze aus der Wissenschaft herausfliegen, besonders eine für die Geistes- und Sozialwissenschaften wichtige Gruppe: wertende und normative Sätze. Sätze wie „Leistungsnachweise in der Schule sind gut" oder „Tests sollen im Schulalltag vermieden werden" sind nicht falsifizierbar.

Tatsache ist, dass ohne Werte und Normen soziale und politische Wirklichkeit nicht denkbar ist. In welcher Form kann der Kritische Rationalist dennoch über Werte sprechen?

Er kann sehr wohl Aussagen tätigen über die Tatsache, dass bspw. der Großteil der Lehrer die Wertung vertritt, dass Leistungskontrollen gut sind, oder die Norm, dass Tests vermieden werden sollten – das ist ja falsifizierbar. Nur kann und will er – als Wissenschaftler – nichts dazu sagen, ob das nun schlecht oder gut ist. Das tut er höchstens, sofern er auch Lehrer oder Pädagoge ist. Zudem kann er als Wissenschaftler Gesetzesaussagen als Technologien für praktisches Handeln so formulieren, dass sich eine Handlungsnorm daraus ableiten lässt.

4. Kritischer Rationalismus: Erklären

Nur gibt er selbst keine Empfehlung oder Wertung dazu ab, sondern überlässt es dem Politiker, Pädagogen usw., sich in der Praxis für die Handlungsnorm zu entscheiden.

Überspitzt formuliert: Der Wissenschaftler entwickelt die Atombombe, indem er auf der Grundlage von Hypothesen die Prognose stellt, dass diese ein riesiges Zerstörungspotential haben wird, er gibt den Technikern diese Theorie in die Hand als Technologie für praktisches Handeln, sprich für die Entwicklung der Bombe, und überlässt blauäugig den Politikern die Entscheidung, ob diese zum Einsatz kommen soll oder nicht – und sieht dann hilflos zu, wenn die Bombe wirklich in der Wirklichkeit und nicht nur in der Theorie zum Einsatz kommt.

So ist es tatsächlich vor ungefähr 65 Jahren geschehen.

4.4. Vorteile und Nachteile des Kritischen Rationalismus

Das Prinzip, dass wissenschaftliche Theorien *rationale Konstruktionen* (Rationalismus) sind, die Realität nicht nur einfach abbilden, sondern theoretisch gestalten, hat sich mittlerweile weitgehend bei allen wissenschaftstheoretischen Positionen etabliert.

Ihre konsequenteste Ausgestaltung findet dieses Prinzip im sog. *Radikalen Konstruktivismus*, der davon ausgeht, dass jede Wirklichkeitserkenntnis eine Konstruktion ist, die keine gleichartige Entsprechung in der Realität hat, die aber solange als *Quasi-Realität* Gültigkeit hat, als sie funktioniert und sich als brauchbar erweist.

Ähnliches gilt auch für die daraus abgeleitete Forderung, dass wissenschaftliche Theorien keinen endgültigen Wahrheitsanspruch stellen können, vielmehr ständig geprüft werden müssen (Kritizismus, Fallibilismus). Allerdings sieht die Praxis im Wissenschaftsbetrieb oft anders aus: Theorien, die eigentlich fallen gelassen werden sollten, werden durch Zusatzhypothesen oder durch Fälschung von Daten und Experimenten gestützt.

Ein wichtiger Einwand gegen den Kritischen Rationalismus besteht darin, dass im Deduktionsschema bereits hermeneutisch abduktiv gewonnene Erkenntnisse vorausgesetzt werden – ich habe schon darauf hingewiesen.

Auch das Postulat (die Forderung) der Werturteilsfreiheit ist problematisch. Es ist zwar konsequent und philosophisch konsistent, Werte und Normen aus dem *Begründungszusammenhang* wissenschaftlicher Theorie auszuklammern (sie sind ja nicht falsifizierbar).

Allerdings wird so der *Verwertungszusammenhang* heillos überfordert: Wissenschaftliche Theorien – insbesondere Technologien – einfach ohne Wertung der Gesellschaft „anzubieten", kann sehr gefährlich sein, nicht nur angesichts der politisch, sozial und ethisch schwer zu bewältigenden Folgen wissenschaftlicher Entwicklungen (Stichworte: Atombombe, Humangenetik usw.), sondern auch wegen eines möglichen Missbrauchs und einer Fehlsteuerung wissenschaftlicher Forschung.

Dies gilt bereits für den sog. *Entdeckungszusammenhang*: Wenn Wissenschaft ihre Theorie in einem wertfreien Raum entwickelt und prüft, sich also selbst des Urteils enthält über die Verwertung und die möglichen Anwendungen und Folgen der von ihr erzielten Ergebnisse, geht sie zunehmend das Risiko ein, dass von nichtwissenschaftlicher Seite her entschieden wird, welche Forschungsbereiche finanziert werden. Insbesondere öffentlich geförderte Wissenschaft (bspw. an den Universitäten) gerät so in die Situation einer Abhängigkeit von externen Wertungen und Bewertungen, die ihrerseits keineswegs mehr im Sinne des Prinzips der Werturteilsfreiheit sein können.

4. Kritischer Rationalismus: Erklären

Dass Wissenschaft sich selbst außerhalb ihres Verwertungszusammenhanges gestellt hat, hatte zur Folge, dass ihre Verwertung wissenschaftsfremden Regulationsmechanismen offen stand, zuerst der staatlichen Verwaltung und jetzt zunehmend der Marktwirtschaft. Und dies hat zur Folge, dass wissenschaftliche Forschung, was ihre Finanzierung und Förderung betrifft, auf Gedeih und Verderb nunmehr nach den Werten und Interessen dieser Verwertungssysteme gesteuert wird. Dabei ist sicherlich die „Schuld" dafür nicht ausschließlich bei den vom Kritischen Rationalismus inspirierten Wissenschaftlern zu suchen.

> Skizzieren Sie in Stichworten Vor – und Nachteile des Kritischen Rationalismus. **?**

4.5. Quantitative Forschungsmethoden

Die quantitativen Forschungsmethoden orientieren sich an der wissenschaftstheoretischen Position des Kritischen Rationalismus. Insofern steht am Anfang einer Untersuchung immer eine *Hypothese*, eine Annahme über den Zusammenhang zwischen verschiedenen Faktoren, auch *Variablen* genannt. Es gibt dabei eine oder mehrere unabhängige Variablen – die sich nicht verändert – und eine abhängige Variable, die relativ auf die unabhängige Variable untersucht werden soll. Auf unser Beispiel bezogen: Gehen wir von der Hypothese aus „Die Situation vor der Rückgabe einer Klassenarbeit löst Stress bei den Schülern aus". Die Situation der Rückgabe ist dabei die unabhängige Variable, Stress die abhängige. Der Zusammenhang zwischen beiden soll also untersucht werden.

Im zweiten Schritt werden die Variablen *operationalisiert*: Der Begriff „Stress" ist auf jeden Fall zu unscharf, er muss beobachtbaren und messbaren Indikatoren zugeordnet werden. Achtung: Dabei

4. Kritischer Rationalismus: Erklären

werden abduktiv, also *verstehend*, Symptome einer Kategorie subsumiert: Hautfarbe, Schwitzen, Zittern usw. werden als Zeichen von Stress *interpretiert*. Dies – dass sie Symptome als Zeichen von ... interpretiert werden müssen – macht wie gesagt den Unterschied zwischen Naturwissenschaften und Sozialwissenschaften aus. Die Zuordnung von Indikatoren und Variablen kann durch systematische Beobachtung erfolgen oder bereits durch Fragebögen, die bspw. an Lehrer verteilt werden.

Im nächsten Schritt werden ggf. die gewonnenen Indikatoren *quantifiziert*, d.h. den Beobachtungen werden eindeutige Messgrößen zugeordnet. Bspw. auf einer Nominalskala: Welche Symptome von Stress zeigen sich besonders häufig? Oder auf einer Ordinalskala, z.B. von 0 bis 5.

Viertens wird die *Stichprobe* festgelegt: Wie viele Schüler sollen untersucht werden?

Nach Festlegung des Untersuchungsdesigns und der Durchführung eines Vortests werden dann die *Daten erhoben*, in unserem Forschungsprojekt bspw. durch Beobachtungsbögen oder Fragebögen, welche die Lehrer ausfüllen.

Dann folgt die *Auswertung der Daten*: Nach der Kodierung und Eingabe der Daten folgt entweder eine deskriptive (Prozentwerte, Mittelwerte, Streuungen) oder inferenzstatistische Auswertung, in der die Zusammenhänge zwischen den Variablen zutage kommen. Diesen Auswertungen kann man nun entnehmen, ob die Hypothese über den vermuteten Zusammenhang zwischen den beiden Variablen bestätigt wird oder nicht.

Doch Schluss mit zu viel Details: Klar sollte geworden sein, dass: wenn ich z.B. als Methode einen Fragebogen verwende,
- ich mich *methodologisch entschieden* habe für eine quantitative Methode,

4. Kritischer Rationalismus: Erklären

- also für eine Methode der Hypothesenüberprüfung, nicht der Hypothesenfindung,
- mithin in wissenschaftstheoretischer Hinsicht für die Position des Kritischen Rationalismus,
- und dass ich mit diesen Entscheidungen methodische Spielräume wahrgenommen, andere ausgeschlossen habe.

Methoden und ihre wissenschaftstheoretischen Hintergründe sind also Handlungsspielräume der Forschungspraxis, die wahrgenommen werden oder nicht. Für welche man sich entscheidet, sollte jeweils begründet werden.

Abschließend wollen wir nochmals diese Spielräume plakativ mit einer vereinfachenden Tabelle verdeutlichen, insbesondere den Unterschied zwischen quantitativen und qualitativen Methoden einerseits und den Unterschied zwischen den „dahinter stehenden" wissenschaftstheoretischen Positionen der Hermeneutik und des Kritischen Rationalismus andererseits.

Charakterisieren Sie mit Hilfe der folgenden Übersicht die Unterschiede zwischen qualitativen und quantitativen Methoden. Woran zeigt sich, dass „hinter" ihnen jeweils eine bestimmte wissenschaftstheoretische Position steht?	

4. Kritischer Rationalismus: Erklären

		quantitative Methoden	qualitative Methoden
Forschungsprozess	Erhebung	\<colspan Befragung\>	
		strukturiert, Antwortvorgaben Bsp.: Fragebogen	unstrukturiert, offene Leitfragen Bsp.: narratives Interview
		Beobachtung	
		standardisiert, nicht teilnehmend Bsp.: Beobachtungsbogen	nicht standardisiert, teilnehmend Bsp.: Feldforschung
	Auswertung	Inhaltsanalyse	
		vorgegebenes, fixes Kategoriensystem Statistische Auswertung: Häufigkeiten, Intensitäten, Korrelationen	offenes Kategoriensystem Bsp: grounded theory, Verfahren nach Mayring kommunikative Validierung (Heinze)
Methodologie		Forschungsinteresse	
		hypothesenbestätigend, deduktiv, Fakten, Verhalten erklären	hypothesenerzeugend, induktiv, Sinn von Handlungen verstehen
		Verhältnis Forscher/Beforschte	
		Beforschter passiv, wird untersucht; Ergebnisse unabhängig vom Beforschten, kontrolliertes Setting	Beide gleichwertig, Beforschte haben „Mitspracherecht", offenes Setting
		Geltungsbegründung	
		Verifikation, Falsifikation: das erfolgreich erklärte Phänomen bewährt die Theorie	Hermeneutischer Zirkel: ein erfolgreich verstandenes Phänomen bereichert die Theorie
Wissth. Position		Kritischer Rationalismus	Hermeneutik; Kritische Theorie

4.6. Der Forschungsprozess

wichtig!

Ziel von Forschung ist es,

- Theorien zu *entwickeln* (zu finden, zu erzeugen, zu generieren)
- und/oder zu *überprüfen* (zu bewähren, zu verifizieren, zu falsifizieren).

Aber wie?

- indem man ausschließlich gegebene Theorien als Basis verwendet
- oder indem man auch empirische Daten berücksichtigt.

Eine conditio sine qua non ist, dass die Theorien *begründet* sind – das ist das Merkmal von Wissenschaftlichkeit –, also:

- einerseits theoretisch begründet: sie müssen von gültigen Voraussetzungen logisch ableitbar sein, konsistent und widerspruchsfrei: dafür gibt es die *Forschungslogik,*
- andererseits empirisch begründet: es muss nachvollziehbar sein, auf welcher Erfahrung, auf welchen Daten sie beruhen und auf welchem Weg man zu Ergebnissen kommt: dafür sind die *Methoden* gut.

Es gibt demnach zwei **Typen wissenschaftlicher Forschung**:

Die theoretische Arbeit, die „Literaturarbeit":

- sie setzt sich „nur" mit Theorien auseinander, die Theoriebildung erfolgt „nur" auf der Basis von vorgefundenen Theorien.
- Qualitätssicherung: Theorien theoretisch „plausibilisiert", sie sind konsistent und gültig von anderen Theorien abgeleitet, aber nicht empirisch verifiziert.

4. Kritischer Rationalismus: Erklären

Die empirische Arbeit:
- neben vorhandenen Theorien werden auch empirische Daten berücksichtigt,
- die Entwicklung bzw. Überprüfung der Theorie erfolgt aufgrund von vorgefundenen Theorien und auf der Basis von erhobenen, ausgewerteten Daten
- Bei der empirischen Arbeit sind wieder zwei Typen zu unterscheiden, je nachdem, wofür die Empirie gut ist:
- - entweder die Daten werden verwendet, um eine Theorie zu bestätigen (zu verifizieren) – das ist der quantitative Typ,
- - oder die Daten werden verwendet, um eine neue Theorie zu erzeugen – das ist der qualitative Typ.

Ablauf eines Forschungsprozesses

1. Es gibt ein Rätsel, eine Forschungsfrage:
- z.B.: Warum entscheiden sich Pädagogik-Studierende für dieses Fach?
- Wie kann der Informationsfluss in einer Abteilung gefördert werden?
- Die Forschungsfrage wird genauer konkretisiert

2. Um das Rad nicht neu zu erfinden, wird nach bereits vorhandenen, relevanten Theorien gesucht
- Literaturrecherche, Auswertung der Literatur
- Überblick der Theorien zum Forschungsbereich
- Habe ich dabei die Antwort gefunden? Wenn ja: Game over! Wenn nein – in unserem Fall sehr wahrscheinlich – , geht's weiter …

4. Kritischer Rationalismus: Erklären

3. Dann muss ich mich entscheiden: arbeite ich empirisch: ja oder nein

- Empirisch arbeite ich, wenn ich annehme, dass erhobene Daten relevant sind, um eine vorhandene Theorie bestätigen oder eine neue zu entwickeln
- wenn nein: springe zu 5 – wenn ja:

4. Um zu wissen, nach welcher Methode ich empirisch arbeiten soll, muss ich mir überlegen: arbeite ich empirisch,

- um anhand von Daten eine Theorie zu überprüfen: dann verwende ich quantitative Methoden,
- oder um eine neue Theorie zu finden: dann verwende ich qualitative.
- Dann erhebe ich nach der gewählten Methoden Daten und werte sie aus, überprüfe die Theorie oder entwickle eine neue

5. Forschungsbericht

Am Beispiel einer Studie über Studienmotivationen

1. Frage: Warum entscheiden sich Studierende für das Studium der Pädagogik?

2. Literaturrecherche: Motivationstheorien, einschlägige Studien…

3. Ich entscheide mich, empirisch zu arbeiten – ich kann ja nicht nur spekulieren …

4. Was nun? Qualitativ oder quantitativ??

Ich gehe *quantitativ* vor,

- wenn ich bereits eine Theorie habe, die ich überprüfen möchte, also: ein Kategoriensystem von Motivationen, z.B.: Ausbildung, Weiterbildung, Interesse, akademischer Grad

4. Kritischer Rationalismus: Erklären

- und einzelne Hypothesen, z.B.: Frauen ab 40 studieren P. aus Gründen der Persönlichkeitsbildung und Selbstentfaltung
- Ich frage dann: *Ist das wirklich so*?
- Ich erhebe Häufigkeiten (wie viele Frauen welchen Alters, wie viele streben Persönlichkeitsbildung an),
- und verifiziere oder falsifiziere meine Hypothese.
- Wenn die Hypothese nichts taugt, suche ich eine neue …

Ich gehe qualitativ vor,

- wenn ich noch keine Theorie habe, eine solche aber finden möchte, nämlich: mögliche Motivationen, Pädagogik zu studieren, mögliche Zusammenhänge zwischen Motivationen und Altersgruppen, Geschlecht usw.
- Ich frage: *Wie ist es wirklich?*
- Ich mache Interviews mit Studierenden, verwende offene Fragen, bin ganz scharf auf ihre subjektiven Sichtweisen
- werte diese aus
- entwickle ein Kategoriensystem möglicher Motivationen
- finde interessante Zusammenhänge,
- deren ich mir nicht ganz sicher bin, frage also wieder: *Ist das wirklich so*? Um dies zu überprüfen, mach ich eine *quantitative* Studie …

5. Kritische Theorie: *Verändern*

5.1. Kritische Theorie versus traditionelle Theorie

Die Kritische Theorie – die letzte wissenschaftstheoretische Position, die wir hier behandeln wollen – stellt den Anspruch, entscheidende Mängel der „traditionellen Theorie" – und das ist im Wesentlichen die Hermeneutik und der Kritische Rationalismus – aufzuheben. Ob man nun sagen kann, dass die Kritische Theorie die dialektische Weiterentwicklung dieser beiden Positionen ist, sei dahingestellt. Zumindest kann man jedoch sagen, dass sich das Niveau der wissenschaftstheoretischen Reflexion um Einiges steigert, insbesondere durch neue Unterscheidungsmöglichkeiten, bspw. im Zusammenhang mit den sog. *Erkenntnisinteressen* (Habermas).

> **Nichts ohne die Gesellschaft**
>
> Die zentrale Voraussetzung der Kritischen Theorie ist die universale Bedeutung von *Gesellschaft* für die Wirklichkeit. Gesellschaft ist somit der Rahmen, innerhalb dessen sich alles abspielt. Wirklichkeit ist immer *soziale, gesellschaftliche* Wirklichkeit. Nicht nur die Politik und die Wirtschaft, auch der Einzelne und vor allem die Wissenschaft ist nur über diesen Gesellschaftsbezug angemessen theoretisch zu beschreiben.
>
> Alles, worüber Wissenschaft forscht, ist immer Teil der sozialen Wirklichkeit. Das Einzelne ist nur im Zusammenhang mit der gesellschaftlichen Totalität zu verstehen. Umgekehrt ist die Gesellschaft nicht etwas, das es isoliert gibt, sondern sie zeigt sich ihrerseits nur im Einzelnen.
>
> Wissenschaft selbst ist genauso eingebettet in die soziale Wirklichkeit, sie spielt dort genauso eine Rolle wie z.B. die Politik. Deshalb kann sie sich nicht davon absetzen, selbst auch die Folgen ihrer

5. Kritische Theorie: Verändern

theoretischen Bemühungen für die Praxis mit zu entscheiden. Der Wissenschaftler kann sich nicht mehr, wie den Vertretern der traditionellen Theorie vorgeworfen wird, auf den Standpunkt zurückziehen, interesselos und um der reinen Wahrheit willen zu forschen. Er muss vielmehr Theorie konsequent auf die soziale Praxis hin orientieren.

Denn Wissenschaft – das ist die zweite Voraussetzung der Kritischen Theorie – ist wesentlich *Kritik*. Doch Kritik meint nicht nur das Prinzip der kritischen Überprüfung von Hypothesen oder die schlüssige Ableitbarkeit von Ereignissen aus Hypothesen (wie im Kritischen Rationalismus) oder die Forderung der intersubjektiven Nachprüfbarkeit von Verstehen (wie in der Hermeneutik).

Kritik muss auf die *gesellschaftliche Wirklichkeit* bezogen sein: Wissenschaft ist also *Gesellschaftskritik*. Und eine gesellschaftskritisch orientierte Wissenschaft wird vornehmlich auch sich selbst – Wissenschaft ist ja Teil der sozialen Wirklichkeit – ins Visier nehmen, sie ist insofern auch radikal *selbstkritisch*, demnach Wissenschaftskritik.

Vor allem aber hat Wissenschaft die Aufgabe, sog. Ideologien auf die Spur zu kommen. Als ideologisch bezeichnet Jürgen Habermas eine gesellschaftliche Situation, bei der durch Verweis auf angebliche Sachzwänge die Diskussion darüber, ob sie richtig, sinnvoll und vernünftig ist, unterbunden wird. Auch Wissenschaft spielt eine ideologisierende Rolle, da viele dieser Sachzwänge durch wissenschaftliche Theorien begründet werden. Wissenschaft ist also *Gesellschaftskritik, Wissenschaftskritik* und *Ideologiekritik.*

Doch: Wie soll diese Kritik erfolgen? Welche Grundwerte oder Grundnormen sollen dafür vorausgesetzt werden?

5.2. Exkurs: Normenbegründung

Dies ist in der Tat das Grundproblem jeder normativen Sozialwissenschaft – also einer Wissenschaft, die Wirklichkeit nicht nur beschreibt, wie sie *ist*, und sie sonst so belässt, sondern die einen dezidierten Anspruch auf Veränderung stellt, also anzugeben versucht, wie Wirklichkeit sein *soll*. Einerseits ist klar, dass praktisches Handeln immer auf der Basis von Normen, Werten, Geboten und Prinzipen geschieht, andererseits ergeben sich, wenn das wissenschaftlich erfolgen soll, zwei Schwierigkeiten: 1. Wie werden die obersten Prinzipien, Grundwerte oder Grundnormen, von denen ausgegangen wird, begründet? Und 2.: Wie werden daraus konkrete Normen abgeleitet?

Zur *Begründungsfrage oberster Prinzipien und Grundwerte* gibt es ein paar Lösungsmöglichkeiten:
- a) Prinzipen werden intuitiv und a priori erkannt – wer allerdings im Besitz dieser Erkenntnis ist, bleibt offen. Oder
- b) sie werden aus Sätzen über Tatsachen abgeleitet: Der Mensch bspw. ist aus psychologischer oder anthropologischer Hinsicht als Individuum zu bezeichnen, deshalb ist es eine Verpflichtung (für den Einzelnen und für seine Mitmenschen), seine Individualität zu entwickeln. Eine weiterer Begründungsversuch
- c), der transzendentalphilosophische, geht davon aus, dass in der rationalen Argumentation immer schon Grundwerte vorausgesetzt werden; insbesondere könnten wir die Frage „Warum moralisch sein?" nicht diskutieren, ohne bereits Normen des rationalen Argumentierens und ethischen Handelns akzeptiert zu haben. In der Kritischen Theorie und besonders von Jürgen Habermas wird – was allgemeine Werte und Normen angeht – dieser Begründungsform der Vorzug gegeben. Schließlich

5. Kritische Theorie: Verändern

☐ d) kann man von Normen ausgehen, für die sich ein allgemeiner Konsens erzielen lässt (z.B. das Grundgesetz), fragt sich nur, wie man diese Grundnormen ihrerseits begründen kann. Alle Begründungsmodelle weisen insofern Schwächen auf.

Was die *Ableitbarkeit konkreter Normen* aus allgemeinen betrifft, gibt es zwei Wege:
☐ a) Konkrete Normen werden deduziert, indem ein allgemeiner Begriff durch einen konkreten ersetzt wird, bspw. Emanzipation durch Ablöse von den Eltern – doch wer bestimmt, welche Unterbegriffe in Frage kommen?
☐ b) Konkrete Normen werden definiert als Mittel zur Erreichung eines Zieles, bspw.: Kritisches Denken fördert die Emanzipation; also sind Kinder zu kritischem Denken zu erziehen. Auch hier gibt es undichte Stellen und Fallen.

Zurück zur Kritischen Theorie: Die Grundwerte, auf deren Grundlage alle gesellschaftlichen Systeme und ihre Ideologien – auch die Wissenschaft – einer Radikalkritik zu unterziehen sind, sind im Wesentlichen die Werte der sog. *Aufklärung*.

Aufklärung – so der Philosoph Immanuel Kant – ist "der Ausgang [die Befreiung] des Menschen aus der selbstverschuldeten Unmündigkeit", d.h. seiner „Unfähigkeit sich seines Verstandes zu bedienen". Zentral ist also die *Selbstbestimmung* des Menschen. Gesellschaftskritik bedeutet demnach, alle Phänomene, die die Selbstbestimmung des Menschen verhindern, zu kritisieren, zu analysieren und zu verändern. Im Grunde geht es dabei um Phänomene der *Entfremdung*, ein Begriff, der vom Philosophen und Ökonomen Karl Marx geprägt wurde.

Marx unterscheidet vier Formen der Entfremdung: Entfremdung des Menschen vom Produkt seiner Arbeit, vom Arbeitsprozess, von anderen Menschen und von sich selbst. Allgemein bezeichnet Entfremdung einen Zustand, in dem der Gattungscharakter des Menschen – wozu eben seine Selbstbestimmung gehört – teilweise oder ganz verloren gegangen ist: er lebt dann in Zwängen ökonomischer oder kultureller (Werbung) oder bildungsmäßiger Art (Bildung vs. Ausbildung).

Was bedeutet „Kritik" in der Kritischen Theorie? Welche Unterschiede gibt es diesbzgl. zum Kritischen Rationalismus? Was ist das Ziel von Wissenschaft in der Kritischen Theorie?	

5. Kritische Theorie: Verändern

5.3. Textlektüre: Immanuel Kant: Beantwortung der Frage: Was ist Aufklärung?

Quelle: Auszüge aus: Berlinische Monatsschrift. Dezember-Heft 1784. S. 481-494

Aufklärung ist der Ausgang des Menschen aus seiner selbstverschuldeten Unmündigkeit. Unmündigkeit ist das Unvermögen, sich seines Verstandes ohne Leitung eines anderen zu bedienen. Selbstverschuldet ist diese Unmündigkeit, wenn die Ursache derselben nicht am Mangel des Verstandes, sondern der Entschließung und des Mutes liegt, sich seiner ohne Leitung eines andern zu bedienen. Sapere aude! Habe Mut, dich deines eigenen Verstandes zu bedienen! ist also der Wahlspruch der Aufklärung.

Faulheit und Feigheit sind die Ursachen, warum ein so großer Teil der Menschen, nachdem sie die Natur längst von fremder Leitung freigesprochen, dennoch gerne zeitlebens unmündig bleiben; und warum es anderen so leicht wird, sich zu deren Vormündern aufzuwerfen. Es ist so bequem, unmündig zu sein. Habe ich ein Buch, das für mich Verstand hat, einen Seelsorger, der für mich Gewissen hat, einen Arzt, der für mich die Diät beurteilt usw., so brauche ich mich ja nicht selbst zu bemühen. Ich habe nicht nötig zu denken, wenn ich nur bezahlen kann; andere werden das verdrießliche Geschäft schon für mich übernehmen. Daß der bei weitem größte Teil der Menschen (darunter das ganze schöne Geschlecht) den Schritt zur Mündigkeit, außer dem daß er beschwerlich ist, auch für sehr gefährlich halte, dafür sorgen schon jene Vormünder, die die Oberaufsicht über sie gütigst auf sich genommen haben. Nachdem sie ihr Hausvieh zuerst dumm gemacht haben und sorgfältig verhüteten, daß diese ruhigen Geschöpfe ja keinen Schritt außer dem Gängelwagen, darin sie sie einsperreten, wagen durften, so zeigen sie ihnen nachher die Gefahr, die ihnen droht, wenn sie es versuchen, allein zu gehen. Nun ist diese Gefahr zwar eben so groß nicht, denn sie würden

5. Kritische Theorie: Verändern

durch einigemal Fallen wohl endlich gehen lernen; allein ein Beispiel von der Art macht doch schüchtern und schreckt gemeiniglich von allen ferneren Versuchen ab.

Es ist also für jeden einzelnen Menschen schwer, sich aus der ihm beinahe zur Natur gewordenen Unmündigkeit herauszuarbeiten. Er hat sie sogar liebgewonnen und ist vorderhand wirklich unfähig, sich seines eigenen Verstandes zu bedienen, weil man ihn niemals den Versuch davon machen ließ. Satzungen und Formeln, diese mechanischen Werkzeuge eines vernünftigen Gebrauchs oder vielmehr Mißbrauchs seiner Naturgaben, sind die Fußschellen einer immerwährenden Unmündigkeit. Wer sie auch abwürfe, würde dennoch auch über den schmalesten Graben einen nur unsicheren Sprung tun, weil er zu dergleichen freier Bewegung nicht gewöhnt ist. Daher gibt es nur wenige, denen es gelungen ist, durch eigene Bearbeitung ihres Geistes sich aus der Unmündigkeit herauszuwickeln und dennoch einen sicheren Gang zu tun.

Daß aber ein Publikum sich selbst aufkläre, ist eher möglich; ja es ist, wenn man ihm nur Freiheit läßt, beinahe unausbleiblich. Denn da werden sich immer einige Selbstdenkende, sogar unter den eingesetzten Vormündern des großen Haufens finden, welche, nachdem sie das Joch der Unmündigkeit selbst abgeworfen haben, den Geist einer vernünftigen Schätzung des eigenen Werts und des Berufs jedes Menschen, selbst zu denken, um sich verbreiten werden. Besonders ist hiebei: daß das Publikum, welches zuvor von ihnen unter dieses Joch gebracht worden, sie hernach selbst zwingt, darunter zu bleiben, wenn es von einigen seiner Vormünder, die selbst aller Aufklärung unfähig sind, dazu aufgewiegelt worden; so schädlich ist es, Vorurteile zu pflanzen, weil sie sich zuletzt an denen selbst rächen, die oder deren Vorgänger ihre Urheber gewesen sind. Daher kann ein Publikum nur langsam zur Aufklärung gelangen. Durch eine Revolution wird vielleicht wohl ein Abfall von persönlichem Despotism und gewinnsüchtiger oder herrschsüchtiger Bedrückung, aber niemals wahre Reform der Denkungsart zustande kommen; sondern neue

5. Kritische Theorie: Verändern

Vorurteile werden, ebensowohl als die alten, zum Leitbande des gedankenlosen großen Haufens dienen.

Zu dieser Aufklärung aber wird nichts erfordert als Freiheit; und zwar die unschädlichste unter allem, was nur Freiheit heißen mag, nämlich die: von seiner Vernunft in allen Stücken öffentlichen Gebrauch zu machen. Nun höre ich aber von allen Seiten rufen: Räsonniert nicht! Der Offizier sagt: Räsonniert nicht, sondern exerziert! Der Finanzrat: Räsonniert nicht, sondern bezahlt! Der Geistliche: Räsonniert nicht, sondern glaubt! (Nur ein einziger Herr in der Welt sagt: Räsonniert, soviel ihr wollt und worüber ihr wollt, aber gehorcht!) Hier ist überall Einschränkung der Freiheit. Welche Einschränkung aber ist der Aufklärung hinderlich, welche nicht, sondern ihr wohl gar beförderlich? – Ich antworte: Der öffentliche Gebrauch seiner Vernunft muß jederzeit frei sein, und der allein kann Aufklärung unter Menschen zustande bringen; der Privatgebrauch derselben aber darf öfters sehr enge eingeschränkt sein, ohne doch darum den Fortschritt der Aufklärung sonderlich zu hindern. (....) Ein Zeitalter kann sich nicht verbünden und darauf verschwören, das folgende in einen Zustand zu setzen, darin es ihm unmöglich werden muß, seine (vornehmlich so sehr angelegentliche) Erkenntnisse zu erweitern, von Irrtümern zu reinigen und überhaupt in der Aufklärung weiterzuschreiten. Das wäre ein Verbrechen wider die menschliche Natur, deren ursprüngliche Bestimmung gerade in diesem Fortschreiten besteht; und die Nachkommen sind also vollkommen dazu berechtigt, jene Beschlüsse, als unbefugter und frevelhafter Weise genommen, zu verwerfen. Der Probierstein alles dessen, was über ein Volk als Gesetz beschlossen werden kann, liegt in der Frage: ob ein Volk sich selbst wohl ein solches Gesetz auferlegen könnte? (....) Aber die Denkungsart eines Staatsoberhaupts (...) sieht ein: daß selbst in Ansehung seiner Gesetzgebung es ohne Gefahr sei, seinen Untertanen zu erlauben, von ihrer eigenen Vernunft öffentlichen Gebrauch zu machen und ihre Gedanken über eine bessere

Abfassung derselben, sogar mit einer freimütigen Kritik der schon gegebenen, der Welt öffentlich vorzulegen; (...).

Aber auch nur derjenige, der, selbst aufgeklärt, sich nicht vor Schatten fürchtet, zugleich aber ein wohldiszipliniertes zahlreiches Heer zum Bürgen der öffentlichen Ruhe zur Hand hat, – kann das sagen, was ein Freistaat nicht wagen darf: Räsonniert, soviel ihr wollt, und worüber ihr wollt; nur gehorcht! So zeigt sich hier ein befremdlicher, nicht erwarteter Gang menschlicher Dinge; sowie auch sonst, wenn man ihn im großen betrachtet, darin fast alles paradox ist. Ein größerer Grad bürgerlicher Freiheit scheint der Freiheit des Geistes des Volks vorteilhaft und setzt ihr doch unübersteigliche Schranken; ein Grad weniger von jener verschafft hingegen diesem Raum, sich nach allem seinen Vermögen auszubreiten. Wenn denn die Natur unter dieser harten Hülle den Keim, für den sie am zärtlichsten sorgt, nämlich den Hang und Beruf zum freien Denken, ausgewickelt hat: so wirkt dieser allmählich zurück auf die Sinnesart des Volks, (wodurch dies der Freiheit zu handeln nach und nach fähiger wird), und endlich auch sogar auf die Grundsätze der Regierung, die es ihr selbst zuträglich findet, den Menschen, der nun mehr als Maschine ist, seiner Würde gemäß zu behandeln.

...

Königsberg in Preußen, den 30. Septemb. 1784. I. Kant.

5.4. Der herrschaftsfreie Diskurs

Was allerdings die konkreten Regeln und Handlungsnormen betrifft, hat Habermas einen anderen Vorschlag anzubieten. In der sozialen Wirklichkeit sind eine Vielzahl von Regeln wirksam, die nicht einfach gottgegeben sind oder Naturkonstanten, sondern die von den Menschen hervorgebracht sind – die ausgehandelt und immer wieder neuverhandelt werden. Wie werden nun diese Regeln ausgehandelt? Üblicherweise kommen in den Diskursen über Regeln und Normen die Herrschaftsstrukturen der Beteiligten zum Ausdruck und entscheiden so letztlich über die gemeinsame Norm. Der eine darf eher und mehr sprechen als der andere, einer hat eine Vorzugsstellung bei der Kommunikation, der andere eher eine nachgeordnete, der eine kann besser argumentieren als der andere usw.

Gemäß Habermas sollte ein Diskurs über Regeln und Normen daran orientiert sein, dass es um Regeln für *menschliche* Kommunikation und Zusammenleben geht – und menschlich heißt, dass der Anspruch auf Selbstbestimmung aller Beteiligten erfüllt werden sollte. Habermas bezeichnet dies konsequent als *Ideal des herrschaftsfreien Diskurses* – und zwar ist es ein kontrafaktisches Ideal, also eine Wunschvorstellung, der faktisch nie entsprochen werden kann. Trotzdem ist dies ein wertvolles regulatives Prinzip dafür, dass in realen Diskussionen über Regeln und Normen tunlichst auf so weit als möglich herrschaftsfreie Strukturen und bestmögliche Bedingungen für die Entfaltung der Selbstbestimmung aller Diskutanten geachtet wird.

5.5. Übung: Der Habermas'sche Diskurs

Wie können wir eine Argumentation bzw. Diskussion möglichst vernünftig für alle Teilnehmer gestalten?

Dazu sind offenbar *Regeln* nötig, welche möglichst alle Aspekte der Diskussion so definieren, dass eine kooperative und herrschaftsfreie Argumentation möglich wird.

Eine der bekanntesten normativen Theorien ist die Habermas'sche Diskurstheorie. Sie beschreibt eine *ideale Diskussionssituation*, die auf dem folgenden Regelsystem beruht, wobei man eine Inhalts-, Beziehungs- und institutionellen Ebene unterscheiden kann:

„I. Sach- bzw. Inhaltsebene:
1. Es sollen nur objektiv wahre oder zumindest wahrscheinliche Argumente genannt werden, das heißt, nach den besten sachlichen Maßstäben der jeweils zuständigen wissenschaftlichen Fachdisziplin vertretbare Argumente.
2. Diese Argumente sollen keine für die Diskussion wichtigen Inhalte unausgedrückt (=implizit) lassen, das heißt, sie sollen möglichst vollständig (=explizit) formuliert sein.
3. Die Argumente sollen logisch gültigen Schlussschemata folgen. Logische Gültigkeit liegt vor, wenn bei Wahrheit der Voraussetzung (=Vordersätze = Prämisse) die Folgerungen nicht falsch sein können: Die Wahrheit der Folgerungen ist somit bei Wahrheit der Prämissen automatisch garantiert. Falls die Vordersätze zwar nicht wahr, aber zumindest wahrscheinlich sind, wird durch die Verwendung logisch gültiger Schlussschemata zumindest garantiert, dass die Folgerungen nicht weniger wahrscheinlich sind als das Produkt der Wahrscheinlichkeiten der Vordersätze des Schlusses.
4. Die Argumente sind in einer vollkommen neutralen, sachlichen Sprache zu formulieren.

5. Kritische Theorie: Verändern

II. Beziehungsebene:
Die am Gespräch Beteiligten dürfen sich in keiner Weise zu täuschen oder zu manipulieren versuchen: Es muss vollkommen ehrlich argumentiert werden.
1. Die Gesprächsteilnehmer müssen emotionelle Barrieren, Sympathien und Antipathien in bezug auf ihre Gesprächspartner völlig unter Kontrolle haben, das heißt, in ihrer Urteilsfähigkeit keinerlei Neigung zu einseitiger Bevorzugung oder Benachteiligung von Diskussionsteilnehmern unterworfen sein.
2. Die argumentierenden Personen dürfen nicht durch Müdigkeit, Verwirrung oder seelisch-geistige Störungen in ihrer Urteilsfähigkeit eingeschränkt sein. Sie dürfen sich auch nicht über ihre eigenen Motive und Meinungen im Unklaren sein, indem sie etwa unbewusst etwas anderes oder sogar das Gegenteil von dem bezwecken, was sie tatsächlich in der Diskussion äußern. Daraus folgt: Man muss geistig auf der Höhe sein und ein vollkommen klares und ungetrübtes Bild der eigenen Persönlichkeit haben.

III. Institutionelle Ebene
1. Es darf keinerlei Unterschiede in der Machtposition geben, das heißt, das Verhältnis der am Gespräch Beteiligten zueinander muss völlig symmetrisch sein. Die Rechte, zu Wort zu kommen und Argumente vorzubringen, müssen vollkommen gleich verteilt sein.
2. Es darf auch keine institutionellen Einschränkungen der Redezeit geben, das heißt, die Diskussion muss prinzipiell zeitlich offen (ohne fixe Obergrenze) sein.
3. Die Diskussion wird erst beendet, wenn ein für alle Beteiligten akzeptables Eingeständnis erzielt worden ist."

(Aus: Kienpointner, Manfred: *Vernünftig argumentieren. Regeln und Techniken der Diskussion.* Reinbek bei Hamburg: Rowohlt, 1996.)

Diskutieren Sie in der Gruppe die Frage: *Ist Euthanasie gerechtfertigt?* Versuchen Sie bewusst, sich in der Diskussion an diesem Regelsystem zu orientieren!

5. Kritische Theorie: Verändern

> **?**
>
> Was unterscheidet Ihre reale Diskussion von diesem idealen Diskurs?
>
> Welche dieser Normen sind Ihrer Einschätzung nach sehr schwer zu realisieren?
>
> Besteht Ihrer Meinung nach in allen Diskussionen Einigkeit darüber, was eigentlich die Frage ist, oder ist nicht gerade meistens die Uneinigkeit darüber der Grund dafür, dass Diskussionen endlos werden und nie zu einem einvernehmlichen und für alle akzeptablen Resultat kommen?
>
> Ist eine Diskussion ohne Moderator (der das Thema definiert, die Vorgehensweise fixiert, das Wort erteilt, Wortmeldungen korrigiert usw.) überhaupt möglich? Ist damit aber die Norm III, 1 nicht bereits von vornherein utopisch?
>
> Wenn dieses Normensystem also offenbar niemals realisiert werden kann, warum ist es dennoch hilfreich und brauchbar?

5.6. Die Erkenntnisinteressen der Wissenschaften

Formen von Entfremdung aufzudecken und aufzuheben, ist wie gesagt die Aufgabe der Wissenschaft – v.a. der Sozialwissenschaften. Die Kritische Theorie unterscheidet nämlich drei Wissenschaftstypen, die Geistes-, Natur- und Sozialwissenschaften. Grundsätzlich stehen – im Unterschied zu den anderen wissenschaftstheoretischen Positionen – alle Wissenschaftsdisziplinen in einem Verwendungszusammenhang, es geht nicht nur darum, wahre Erkenntnis zu erlangen, sondern damit auch etwas zu tun. Jede Wissenschaft verfolgt jedoch ein bevorzugtes *Erkenntnisinteresse*. Die Naturwissenschaften sind interessiert an Technologien für praktisches Handeln, die sie aus Hypothesen ableiten, die Geisteswissenschaften an der Sicherung von Verständigung und die Sozialwissenschaften an der Aufhebung von Fremdbestimmung. Demnach ist das Erkenntnisinteresse der Naturwissenschaften ein *technisches*: Sie versuchen, den Prognose-Zusammenhang von Hypothese und Einzelfall instrumentell und technologisch zu verwerten. Das Interesse der Geisteswissenschaften ist ein *praktisches*, da sie gestörte Kommunikation wieder herstellen wollen. Das Interesse der Sozialwissenschaften ist *emanzipatorisch*, ihr Ziel ist die Emanzipation des Menschen.

5.7. Die Dialektik als Methode

Wirklichkeit ist – wie gesagt – immer *soziale, gesellschaftliche Wirklichkeit*. Alles, worüber Wissenschaft forscht, ist immer Teil der sozialen Wirklichkeit. Das Einzelne ist nur im Zusammenhang mit der gesellschaftlichen Totalität zu verstehen. Umgekehrt ist auch die Gesellschaft nicht etwas Isoliertes, sondern sie zeigt sich ihrerseits nur im Einzelnen. Diese *Dialektik* zwischen dem Einzelnen und der gesellschaftlichen Totalität bedingt die *methodische*

Vorgehensweise der Kritischen Theorie, wie wir im Folgenden – wiederum anhand unseres Beispiels – sehen werden

Der Schüler steht still und bleich in der Ecke. Wir haben denselben Sachverhalt vor uns: Die Hermeneutik legt den Akzent darauf, den Sachverhalt zu verstehen. Der Kritische Rationalismus will den Sachverhalt erklären, setzt dabei voraus, ihn richtig verstanden zu haben. Die Kritische Theorie schließlich bezieht den Sachverhalt auf die Gesellschaft, da er nur in diesem Kontext zu verstehen und zu erklären ist, und zielt auf Veränderung sowohl des Sachverhalts als auch der diesen bedingenden gesellschaftlichen Strukturen.

Der Sachverhalt wird also im größeren Zusammenhang der Schule gesehen, auch die Schule wird als gesellschaftliche Institution betrachtet und auf die gesamtgesellschaftliche Perspektive ausgeweitet. *Schule* hat vielfältige gesellschaftliche Funktionen: Weitergabe von Wissen (Qualifikationsfunktion), Versorgung des Arbeitsmarktes (Allokationsfunktion), grundlegende politische Bildung (Integrationsfunktion). Unsere Gesellschaft kann als spätkapitalistisch bezeichnet werden, sie ist geprägt von der Tendenz, den Menschen als Arbeitskraft zu verwerten, ihn also den vorgegebenen Leistungsstandards des Arbeitsmarktes zu unterwerfen. Die Schule und die Lehrer sind Sozialisationsagenten, die diesen gesellschaftlichen Auftrag erfüllen.

Unser Sachverhalt – die Situation vor Rückgabe der Klassenarbeit – spiegelt deutlich die Entfremdung auf gesamtgesellschaftlicher Ebene, ist ein weiterer Beleg dafür und kann selbst nur vor diesem Hintergrund verstanden und erklärt werden: Die Gesellschaft ist nur interessiert an der Leistung der Individuen und deren Verwertbarkeit, nicht an deren selbst bestimmten Lebensgestaltung. Auch die Effekte dieser Entfremdung interessieren nicht: die Isolation des Einzelnen, dessen Probleme mit sich selbst, die Lernsituation.

Die konkrete Situation des Schülers ist demnach nur unter Miteinbezug gesamtgesellschaftlicher Tendenzen zu verstehen und

5. Kritische Theorie: Verändern

zu erklären: Keineswegs ist es nur eine zufällige, individuell bedingte Reaktion des Schülers auf eine Stresssituation. Die Totalität der Gesellschaft und das Einzelphänomen sind nur aus diesem dialektischen Zusammenhang heraus zu begreifen – und zu verändern.

5.8. Handlungsforschung

Eine Methode, die sich auf die wissenschaftstheoretische Position der Kritischen Theorie gründet, ist die Handlungsforschung. Insofern sind in wissenschaftstheoretischer Hinsicht drei Merkmale für sie ausschlaggebend:

- Sozialwissenschaftliche Forschung kann nicht *wertfrei* betrieben werden, d.h. der Forscher ist kein externer objektiver Beobachter, sondern greift parteilich in den Forschungsprozess ein.
- Forschung ist ein *gegenseitiger Lernprozess*, der sowohl den Forscher als auch den Untersuchten mit einbezieht. Zentral ist der emanzipatorische Charakter des Forschungsprozesses.
- Sozialwissenschaftliche Forschung weist einen engen *Praxisbezug* auf, wobei Forscher und Beforschter gemeinsam gesellschaftliche und soziale Probleme lösen.

Die heute in der Erziehungswissenschaft gebräuchlichen Begriffe Handlungs-, Aktions- und Tatforschung sind Übersetzungen des Begriffes "action research", den Kurt Lewin geprägt hat. Er wollte eine Wissenschaft begründen, deren Forschungsergebnisse unmittelbar Nutzen für Pädagogen, Sozialarbeiter etc. haben. Lewin wollte praxisnahe Hypothesen aufstellen und entsprechend diesen Hypothesen sinnvolle Veränderungen im sozialen Feld durchführen und dann in längerfristigen Studien die Auswirkungen dieser Veränderungen kontrollieren. Der von Lewin vorgestellte Ansatz wurde erst Ende der 60er, Anfang der 70er Jahre vor allem von Pädagogen und Soziologen aufgegriffen als Alternative zu jenen sozi-

5. Kritische Theorie: Verändern

alwissenschaftlichen Methoden, die sich vorwiegend am Kritischen Rationalismus orientierten.

Im Hinblick auf die *methodische Vorgehensweise* geht die Handlungsforschung von den folgenden Voraussetzungen aus:

- Die Forschungsfragen entstehen nicht primär im Kontext wissenschaftlicher Erkenntnis, sondern aus konkreten gesellschaftlichen Bedürfnissen.
- Das Forschungsziel besteht nicht ausschließlich darin, theoretische Aussagen zu überprüfen oder zu gewinnen, sondern in der sozialen Wirklichkeit auch verändernd zu intervenieren.
- Die soziale Situation wird als Gesamtheit – als soziales Feld – gesehen, aus der nicht einzelne Variablen isoliert werden können.
- Vom Handlungsforscher wird gefordert, zumindest vorübergehend die Distanz zum Forschungsobjekt aufzugeben und eine aktive Rolle im Forschungsfeld einzunehmen (teilnehmende Beobachtung oder auch direkte Kommunikation mit den Beforschten).
- Entsprechend ändert sich auch die Rolle der Beforschten, insofern sie selbst als aktive Subjekte – und nicht bloß als Objekte – am Forschungsprozess teilhaben.

Insbesondere in der Schulforschung hat sich die Handlungsforschung bewährt. Der *forschende Lehrer* durchläuft dabei mehrere Zyklen der Erkenntnisgewinnung und Handlungsverbesserung: Identifizierung eines Problems, Untersuchung der Situation, Entwicklung von Handlungsstrategien, Beobachtung, Reflexion der Realisierung, Vergleich mit Perspektiven anderer Betroffener, Neuformulierung des Problems und Entwicklung neuer Strategien. Die *Wissenschaftler* können diesen Vorgang des "praktischen Theoretisierens" durch Beratung und Analyse begleiten und unterstützen.

Allerdings gib es in der Methodologie der Handlungsforschung noch einige offene Fragen:

121

5. Kritische Theorie: Verändern

- Die üblichen Kriterien der empirischen Forschung (Intersubjektivität, Repräsentativität, Unabhängigkeit) werden teilweise außer Kraft gesetzt, wobei die Definition neuer Kriterien noch aussteht.
- Die Entwicklung eines methodischen Konzeptes steht noch aus, bzw. es ist prinzipiell zu prüfen, ob unter diesen Voraussetzungen eine Methode überhaupt entwickelt werden kann.
- Die Ergebnisse eines Handlungsforschungsprojekts sind nicht so ohne Weiteres verallgemeinerbar; insofern ist Handlungsforschung bestenfalls ein Grenzfall zwischen Wissenschaft und Beratung bzw. Supervision.

Unterscheiden und beschreiben Sie die verschiedenen Erkenntnisinteressen.

Was bedeutet „Dialektik" in der Kritischen Theorie? Zeigen Sie die dialektische Methode kurz an unserem Praxisbeispiel.

Warum ist die Handlungsforschung die konsequente methodische Weiterentwicklung der Kritischen Theorie?

?

6. Zwischen-Resümee anhand des Praxisbeispiels

Stellen wir uns nochmals die folgende Situation, wie sie in einer Schule tagtäglich passieren könnte, vor:

> Schüler warten auf die Rückgabe der Schularbeit, teilweise sind sie aggressiv, ein Schüler steht still und bleich in einer Ecke.

Als Erziehungswissenschaftler/in, Schulpädagogin, Mutter oder Vater fallen Ihnen nun eine Reihe von möglichen Alltagstheorien, Hypothesen, theoretischen Konstrukten ein.

Warum aber gibt es aber nicht eine einzige gültige erziehungswissenschaftliche Theorie zu diesem Sachverhalt? Es geht doch immer nur um denselben eindeutigen Sachverhalt? Weil man ganz unterschiedlich an den Forschungsgegenstand herangehen, ganz unterschiedliche Methoden dabei verwenden kann.

Diese – die Herangehensweisen, die Methoden – kommen aber nicht von ungefähr, sondern hängen davon ab, für welche wissenschaftstheoretische Position man sich entschieden hat.

Meist entscheidet man sich nicht wirklich, sondern geht an den Forschungsgegenstand heran, wie es sich für eine bestimmte wissenschaftstheoretische Position einfach gehört, mit einem impliziten Wissen darüber, gleichsam unter Zwang, ohne die Vor- und Nachteile der wissenschaftstheoretischen Position wirklich im Einzelnen zu kennen, geschweige denn über Alternativen Bescheid zu wissen.

Der Sinn der Wissenschaftstheorie besteht nun gerade darin, diese Alternativen als mögliche Spielräume für die Forschungspraxis unterscheidbar zu machen, ihre Vor- und Nachteile aufzuzeigen, also das Hintergrundwissen bereitzustellen, um so in einem konkreten

6. Zwischen-Resümee anhand des Praxisbeispiels

Forschungsprojekt die Entscheidung für die eine oder andere Position begründen zu können.

Skizzieren wir eine mögliche Herangehensweise:

Was der Lehrer oder der Erziehungswissenschaftler sieht, nimmt er als Zeichen wahr für etwas nur indirekt Fassbares.

Das Verhalten – etwa die Körperhaltung, die Mimik, die Gesichtsfarbe – wird als Anzeichen (Indiz, Symptom) für einen psychischen Zustand verstanden, bspw. Erregung, Angst, innere Spannungszustände.

Im Verhalten, das äußerlich sichtbar, dokumentier- und messbar ist, wird eine Bedeutung erkannt, interpretiert (die man selbst nicht sieht!), das Verhalten wird als Handlung gesehen.

Doch warum versteht man dieses Verhalten nur so? Warum nimmt man nicht an, dass jemand, der bleich in der Ecke steht, nicht einfach nur Yoga-Übungen macht oder Bauchschmerzen hat?

Man schließt darauf von der Gesamtsituation her: von der Wichtigkeit der Schularbeit im Leben des Schülers, dem Leistungsdruck, dem er von Seiten seiner Eltern ausgesetzt ist usw. Warum weiß man das aber? Weil man selber ähnliche Situationen erfahren hat oder von solchen gehört oder gelesen hat.

Aufgrund dieses Vorverständnisses und eines gemeinsamen Lebenszusammenhanges wird ein Verhalten als Zeichen für eine spezifische Befindlichkeit, als Handlung interpretiert.

So verläuft denn auch die Abduktion: Das Verhalten wird einer begrifflichen Kategorie zugeordnet unter der Annahme, dass eine Regel, ein allgemeiner Satz, also ein generelles Vorverständnis der Situation Gültigkeit hat:

6. Zwischen-Resümee anhand des Praxisbeispiels

> ☐ Verhalten: Dieser Schüler steht bleich in der Ecke.
> ☐ Verstehende Zuordnung: Alles deutet also daraufhin, dass dieser Schüler Angst hat.
> ☐ Vorverständnis (Hypothese): Offenbar haben alle Schüler, die bleich in der Ecke stehen, Angst.

Die Formulierung „Alles deutet daraufhin" ist typisch für die abduktive Schlussfolgerung – die z.b. auch in der medizinischen und psychologischen Diagnostik tagtäglich verwendet wird. Und dies ist auch die grundlegende Vorgehensweise in der qualitativen Sozialforschung: Eine Tatsache, ein Phänomen, ein Text wird einem Typ, einer Kategorie zugeordnet. In dieser Zuordnung verbirgt sich implizit eine Regel, eine allgemeine Aussage, eine Hypothese, nämlich – in unserem stark vereinfachten Beispiel –, dass alle Schüler, die in dieser Situation bleich sind, Angst haben. Solche einfachen – oder noch einfacheren – Hypothesen kommen laufend in unserem Alltagsleben vor.

Auch das Verstehen von sprachlichen Äußerungen beruht letztlich auf einer Abduktion: Wenn jemand z.B. „Wäh" sagt, ordnet man diese Äußerung der Kategorie Ausdruck von Ekel zu – genauso wenn ich „Wissenschaftstheorie" artikuliere, verstehen Sie, dass ich über Wissenschaftstheorie spreche. Die dahinter stehende Regel ist jeweils: Alle Menschen, die „Wäh" artikulieren oder auch nur „Wissenschaftstheorie", meinen damit usw. (s. oben)

Um auf unseren Schüler zurück zu kommen: Selbstverständlich muss es nicht so sein, dass der Schüler wirklich Angst hat, es kann auch ganz anders sein: Er kann wie gesagt auch Bauchschmerzen haben, Brechreiz oder unter Drogen stehen usw. Gerade deshalb ist die qualitative Sozialforschung und die medizinische Diagnostik stark daran interessiert, eine Abduktion immer durch ein Bündel an Merkmalen – die sozusagen in dieselbe Richtung weisen – zu begründen. Das macht den Unterschied zu Abduktionen in den alltäglichen Verstehensprozessen und in den Alltagstheorien aus. In der „Grounded Theory" – einer prominenten Methode der qualitativen Sozialforschung – spricht man deswegen von theoretical sampling, der theoretischen Sensibilisierung, d.h. der Forscher sucht bewusst auch nach jenen Hinweisen, die seine theoretischen Vorgaben relativieren könnten.

In der hermeneutischen Position – um diese ging es hier – wird also die Handlung fokussiert, die im Verhalten – in konkret wahrnehmbaren Zeichen – verstehbar wird. Der Sachverhalt, *dass der Schüler bleich in der Ecke steht*, soll *verstanden* werden. Das wissenschaftliche Rätsel dabei ist: Was bedeutet das?

Eine zweite Herangehensweise könnte darin bestehen, dass man diesen Sachverhalt zu erklären versucht. Der Sachverhalt, *dass ein Schüler still und bleich in der Ecke steht*, soll *erklärt* werden. Das Rätsel ist also: Warum ist das so? Hier kommt das Hempel-Oppenheim-Schema zum Tragen. Es wird ein allgemeines Gesetz (eine Hypothese) formuliert, dann werden Randbedingungen ausfindig gemacht, und schließlich wird von diesen Randbedingungen auf den Sachverhalt geschlossen, und damit ist er erklärt.

> ▫ Allgemeines Gesetz: Alle Menschen, die unter Stress stehen, sehen bleich aus. Stress führt zu einer Verengung der Blutgefäße und lässt die Haut bleich aussehen.
> ▫ Randbedingungen: Der Schüler steht unter Stress wegen der Rückgabe der Schularbeit.
> ▫ Schluss auf den Sachverhalt: Also ist der Schüler bleich im Gesicht.

Hier gibt es einige prinzipielle Unterschiede zur hermeneutischen Herangehensweise:

6. Zwischen-Resümee anhand des Praxisbeispiels

Einmal wird die Interpretation, dass der Schüler unter Stress steht, einfach stillschweigend vorgenommen, während in der Hermeneutik gerade dies das Problem ausmacht und auch differenziert reflektiert wird. D.h. die abduktive Verstehenshandlung, nämlich dass die Bleichheit des Gesichtes als Stresssymptom zu deuten ist, wird einfach als gültige Randbedingung unterstellt. In den Sozialwissenschaften ist aber immer auch die Interpretation von Verhalten problematisch.

Zweitens wird ein allgemeines Gesetz schon vorausgesetzt, um den Sachverhalt zu erklären, während in der Hermeneutik auf dasselbe allgemeine Gesetz erst geschlossen wird, welches das Verstehen des Sachverhaltes (nämlich dass der bleiche Schüler unter Stress steht) erst möglich macht. D.h. die Abduktion kommt, indem sie Verstehensprozesse (auch alltägliche) explizit nachzeichnet, auf allgemeine Regeln: Hier geht es also um Theorieerzeugung. Jedoch die Deduktion sagt nichts darüber aus, wie man zu diesen allgemeinen Regeln und Gesetzen gekommen ist, setzt sie voraus und schließt dann davon auf den erklärenden Sachverhalt. Es handelt sich also um eine grundsätzlich verschiedene Art und Weise, wie mit allgemeinen Sätzen umgegangen wird.

Das Erklären ist typisch für die Position des Kritischen Rationalismus: Rational bedeutet, dass es nicht einfach um die Abbildung der Wirklichkeit geht, sondern um rationale Konstruktion von Wirklichkeit, denn Kausalerklärungen finden sich nirgendwo in der Wirklichkeit selbst! Kritisch bedeutet, dass alle allgemeinen Gesetzesaussagen fortwährend zu überprüfen sind, da diese niemals den Status absoluter Gültigkeit haben können. Das zeigt das sog. Induktionsproblem: Man kann niemals das ganze Universum durchforschen, um absolut sicher zu sein, dass es doch nicht irgendwo einen weißen Raben gibt ...

Was wie gesagt dabei ausgeklammert bleibt, ist der Prozess der Hypothesenbildung, der sog. Entdeckungszusammenhang, nämlich

6. Zwischen-Resümee anhand des Praxisbeispiels

wie der Forscher überhaupt zur Hypothese kommt, dass alle Raben schwarz sind. Auch ausgeklammert bleibt – und nur so glaubt Popper die Wissenschaftlichkeit der Wissenschaft sicher zu stellen – der sog. Verwertungszusammenhang: Was immer man mit den Erklärungen, Prognosen und Technologien anfängt, ist eine politische Frage, die den Forscher nichts angeht.

Die Kritische Theorie – neben der Hermeneutik und dem Kritischen Rationalismus die dritte wichtige wissenschaftstheoretische Position – ist gerade in der Frage dieser Praxisabstinenz nicht einverstanden mit den beiden anderen Positionen. Wissenschaft soll nicht nur beschreiben, verstehen und erklären und darüber hinaus alles so sein lassen, wie es ist, sondern verändern und d.h. vor allem ihre eigenen Möglichkeiten der Veränderung mitreflektieren.

Wissenschaft steht also im Kontext der Gesellschaft überhaupt – ein Phänomen ist nur zu begreifen, zu verstehen und zu erklären, wenn man auch den gesellschaftlichen Zusammenhang miteinbezieht. Die Kritische Theorie geht insofern dialektisch vor. An unserem Beispiel illustriert:

Das Ereignis, *dass der Schüler bleich in der Ecke steht*, wird selbstverständlich – wie in den anderen wissenschaftstheoretischen Positionen – verstanden und erklärt. Aber darüber hinaus auch im Blick auf den *gesellschaftlichen Zusammenhang* reflektiert. Dadurch ergeben sich neue wissenschaftliche Schwerpunkte. Die Schule als gesellschaftliche Bildungsinstitution wird kritisch hinterfragt im Hinblick auf ihre Sozialisationseffekte auf den Schüler: Die Schule setzt den Schüler unter Leistungsdruck, deshalb gerät dieser in Stresssituationen usw. Aber auch die Institution Schule wird dialektisch auf die Gesamtgesellschaft bezogen: Denn die Schule reproduziert gesellschaftliche Prozesse, wonach der Mensch auf seine Arbeitskraft und Leistungsfähigkeit, mithin auf seine Verwertbarkeit reduziert wird. Diese Entfremdung muss aufgehoben werden. Ziel ist die Emanzipation des Einzelnen, und, ist

6. Zwischen-Resümee anhand des Praxisbeispiels

diese erreicht, kann es (in der Theorie zumindest) solche Phänomene nicht mehr geben, nämlich dass der Schüler unter Stress leidet, also bleich in der Ecke steht ... Der Weg bis dahin ist allerdings weit: Er führt über die Aushandlung neuer Regeln und Normen, und diese Aushandlung ist nur möglich, wenn das Prinzip der Selbstbestimmung aller Beteiligten gewahrt ist; dazu bedarf es des herrschaftsfreien Diskurses, den es allerdings real nicht gibt, sondern nur als *kontrafaktisches Ideal* ...

Versuchen Sie nochmals eine Zusammenfassung der Unterschiede zwischen den drei grundlegenden wissenschaftstheoretischen Positionen anhand unseres Praxisbeispiels.	

7. Weitere Positionen und Ausblick

Es ist bezeichnend, dass die drei bisher dargestellten wissenschaftstheoretischen Positionen ihre Konzepte gewinnen in der Auseinandersetzung und Kritik jeweils einer anderen Position – am meisten gilt dies für die Kritische Theorie, die zum ersten Mal ganz bewusst beansprucht, die Mängel und Schwächen anderer Positionen systematisch aufzuheben. Zeitlich nachfolgende Positionen haben dabei selbstverständlich den Vorteil, auf dem Problembewusstsein der vorhergehenden aufbauen zu können, vorausgesetzt, dass sie das auch tun und nicht etwa das Rad von Anfang an neu zu erfinden versuchen.

Offenbar haben demnach alle wissenschaftstheoretischen Positionen ihre typischen *blinden Flecken*, nichtsdestotrotz gewinnen sie ihre Konturen und ihre Konzepte, indem sie gleichzeitig die blinden Flecken anderer Positionen ausleuchten. Z.B. beanstanden die Hermeneutik und die Qualitative Sozialforschung am Kritischen Rationalismus bzw. an der Quantitativen Sozialforschung, dass von diesen der Kontext der Theoriebildung ausgeklammert wird, dass diese, was die Voraussetzungen, Bedingungen und methodischen Spielregeln, wie eine Theorie entsteht, blind sind. Im Gegenzug sehen sie es gerade als ihre Stärke, den Focus auf diesen Zusammenhang zu legen. In plakativen Slogans formuliert: Der Kritische Rationalismus sagt, dass ihn der *Context of discovery* (die Theorieentdeckung) nichts angeht; wichtig sei nur der *Context of justification* (die deduktive Theoriebegründung); der Hermeneutik hingegen ist dieser Begründungszusammenhang nicht ganz so wichtig.

Im Folgenden werden wir den Blick richten auf weitere wissenschaftstheoretische Positionen, und zwar bewusst unter der Perspektive, welchen blinden Fleck bisheriger Positionen sie zu kompensieren versuchen. Also: Was könnte bei den bisher dargestellten

7. Weitere Positionen und Ausblick

Positionen noch fehlen? Welche blinden Flecken weisen sie gemeinsam auf? Und welche wissenschaftstheoretische Betrachtungsweise könnte für die Theoriebildung neue Handlungsmöglichkeiten und Spielräume bringen? Als ein prominentes Beispiel eines Ansatzes, der eine derartige Lücke zu schließen versucht, gilt die *Systemtheorie*.

Dann werden wir uns erneut die Frage stellen, welche undichte Stelle bei allen diesen Positionen *immer noch* zu finden ist. Wir befinden uns dabei auf einer sehr hohen Reflexionsstufe: Wir befassen uns nicht damit, Theorien über Forschungsgegenstände zu formulieren (das gilt bereits für die bisher dargestellten wissenschaftstheoretischen Positionen), aber auch nicht damit, eine bestimmte wissenschaftstheoretische Position zu entwickeln, sondern stellen uns – noch eine Reflexionsstufe höher – die Frage, ob überhaupt und wenn ja wie Wissenschaftstheorie *selbst* möglich ist: Es geht uns also eine Wissenschaftstheorie der Wissenschaftstheorie.

Eine Antwort darauf gibt die Position der *Postmoderne*: Sie weist in der Tat auf eine gemeinsame Schwäche aller dieser Positionen hin, insofern sie beanspruchen, universal und exklusiv gelten zu wollen – sprich: allein die Wahrheit gepachtet zu haben. Es kann jedoch angesichts der Pluralität mehrerer sinnvoller Optionen kein sinnvolles Ziel sein, *eine* Position als die beste auszuzeichnen. Ziel kann nur sein, aus der Palette möglicher und unterschiedlicher Positionen die beste zu wählen, mithin das Beste zu *tun*, also in der Praxis die brauchbarste Konstruktion von Wirklichkeit zu versuchen. Damit sind wir beim Kernthema des sog. *Radikalen Konstruktivismus*. Insgesamt gibt das dann eine ganz neuartige wissenschaftstheoretische Sichtweise ab. Wissenschaftstheoretische Positionen sind mehr oder weniger gleichwertig, sie konkurrieren miteinander, genauso die Methoden und die Theorien selbst. Und in der Praxis der Wissenschaft geht es darum, die beste Methode und die beste Theorie auszuwählen, und welche die beste ist, hängt nicht zuletzt vom praktischen und situativen Kontext ab, also davon, was mit einer Theorie bezweckt werden soll.

7.1. Systemtheorie

Welches Manko bisheriger wissenschaftstheoretischer Positionen will die Systemtheorie beheben?

Tatsächlich wurde in diesen der Untersuchungsgegenstand immer als *Einzelnes* gesehen, als einzelne Tatsache, als einzelnes Verhalten, als einzelne Handlung. Dass eine Tatsache, ein Verhalten oder eine Handlung immer auch in einem Kontext stehen, und zwar nicht nur in einem Zusammenhang bspw. von Ursache und Wirkung (wie im Kritischen Rationalismus) oder im übergreifenden gesellschaftlichen Zusammenhang (wie die Kritische Theorie behauptet) sondern in durchaus auch kleineren Kontexten, Wirkungs- und Sinnzusammenhängen, ohne deren Berücksichtigung sie nicht verstanden und erklärt werden können – dies wurde bislang übersehen.

Diese wissenschaftstheoretischen Positionen erwiesen sich als blind im Hinblick darauf, dass Einzelphänomene ohne die Bezugnahme auf ein *System* – und das ist jetzt das Zauberwort – verstanden und erklärt werden kann. Und weiters wurde übersehen, dass ein System, ohne welches Einzelnes nicht adäquat gedacht werden kann, ganz andere Eigenschaften aufweist als die Einzeldinge: Denn wer hat es bisher bspw. schon als wichtig gesehen, dass die Familie als System andere Merkmale aufweist als die (Summe ihrer) Familienmitglieder?

Doch diese Einsicht hat nicht nur philosophische Relevanz, sondern greift direkt in die Werkstatt der Wissenschaften ein: Sie bedeutet, dass den wissenschaftlichen Disziplinen bisher bestimmte Tools in der Werkzeugkiste fehlten, Tools im Sinne von theoretischen Möglichkeiten, mit denen die Wirklichkeit beschrieben werden kann: In dem Fall, den die Systemtheorie moniert, geht es darum, die immer komplexer werdende oder als zunehmend komplex wahrgenommene Wirklichkeit adäquat zu beschreiben.

Denn herkömmliche Wissenschaftskonzepte – sowohl in den Naturwissenschaften als auch in den Sozialwissenschaften – sind nicht mehr in der Lage, komplexe technische Abläufe und gesellschaftliche Prozesse hineichend zu erklären und zu steuern. Man erkennt hier unweigerlich, dass wissenschaftstheoretische Positionen auch mit Etappen im technologischem und gesellschaftlichen Wandel zusammenhängen oder – um es in der Sprache der Systemtheorie auszudrücken – dass das Wissenschaftssystem mit den Systemen der Technik, der Kultur, der Ökonomie, der Gesellschaft in einem Wirkungszusammenhang steht.

7.1.1. Die Allgemeine Systemtheorie

In der Mitte des vorigen Jahrhunderts wurden eine Reihe von alternativen Wissenschaftskonzepten entwickelt, um komplexe Prozesse beschreiben zu können: die Informationstheorie (Claude E. Shannon und Warren Weaver), die Kybernetik (W. Ross Ashby und Norbert Wiener), die Spieltheorie (Johann Neumann und Oskar Morgenstern) und der Operations-Research-Ansatz (West C. Churchmann, Russel L. Ackoff und E. Leonard Arnoff). Im Anschluss daran wurde versucht, diese an einzelnen Gegenstandsbereichen festgemachten Ansätze zu vereinheitlichen, ihre theoretischen Gemeinsamkeiten zu verallgemeinern: daraus entstand dann die *Allgemeine Systemtheorie* (Ludwig Bertalanffy und Frederic Vester).

Das Ziel der Allgemeinen Systemtheorie besteht darin, ein alternatives Begriffsystem zu entwickeln. Anstatt „Verhalten", „Handlung" oder „Gesellschaft", also die Kernbegriffe in den bisherigen Ansätzen, tritt hier das „System" in den Mittelpunkt, während Ver-

7. Weitere Positionen und Ausblick

halten, Handlung usw. konsequent als Elemente des Systems definiert werden.

Aber ähnlich wie „Verhalten" und „Handlung" nicht in einer Wirklichkeit an sich vorhanden sind, handelt es sich bei „System" um eine spezifische Optik jener Brille, die eine spezifische Art und Weise, wie Wirklichkeit gesehen wird, mit sich bringt.

Welche? – oder: Was ist ein System?

- Ein System besteht aus Elementen (bspw. Zelle: Zellplasma und Zellkern)
- Systeme sind definiert durch Wechselbeziehungen zwischen den Elemente: Nicht nur Element A wirkt auf B, sondern A und B bedingen sich gegenseitig (Bsp.: Thermostat und Heizung).
- Systeme haben eine Systemgrenze gegenüber der Umwelt, und je nachdem wird zwischen offenen Systemen (Flamme und Luft, Ökosystem etwa) und geschlossenen Systemen (bspw. Sonnensystem) unterschieden.
- Was System oder Element ist, hängt vom Beobachter ab, d.h. ein Element kann selbst System sein.
- Die Merkmale des Systems unterschieden sich von den Merkmalen seiner Elemente (bspw. die Transparenz des Wassers, die sich nicht aus den Eigenschaften seiner Elemente Wasserstoff und Sauerstoff ableiten lässt).
- Systeme tendieren zu einem Gleichgewichtszustand (Beutezyklen, Arbeitsmarkt)

Die Absicht der Systemtheorie ist es wie gesagt, ein Begriffsystem zur Beschreibung von Komplexität zur Verfügung zu stellen: Probleme werden dadurch nicht mehr als Reiz-Reaktions-Zusammenhang erklärt oder als Ergebnis subjektiver Deutungen verstanden, sondern als Resultat einer Vielzahl von Faktoren. Darüber hinaus wurden Versuche unternommen, diese systemtheoretischen Prinzipien, wie Wirklichkeit beschrieben werden kann, auch forschungsmethodisch fruchtbar zu machen, z.B. in Form von sog. *Wirkungsverlaufsanalysen*, mittels derer ein komplexer Zusammenhang als System von relevanten Faktoren und zwischen ihnen wirksamen Wechselbeziehungen (Regelkreise, Rückkopplungen) aufbereitet wird. Dieses Verfahren ist auf jeden Fall sinnvoll und brauchbar, um – ähnlich wie beim sog. Mindmapping – Zusammenhänge visualisiert darstellen zu können und sich deren Komplexität bewusst zu werden.

Allerdings hat die Allgemeine Systemtheorie eine Reihe von Schwächen: Erstens fehlt ihr ein wirksames Instrumentarium für die methodische Umsetzung und praktische Intervention: Was genau soll ein Lehrer tun, um die verschiedenen Faktoren des Systems Schulklasse zu berücksichtigen und als Lehrer das Richtige zu tun? Zweitens beansprucht sie eine *universale* Theorie zu sein, läuft also Gefahr, wesentliche Unterschiede zwischen biologischen, politischen oder sozialen Systemen zu verwischen.

7.1.2. Die Soziologische Systemtheorie

Hier setzt die Soziologische Systemtheorie von Niklas Luhmann an, die das Ziel verfolgt, das Typische *sozialer* Systeme als Kommunikationssysteme herauszuarbeiten:
- Systeme (immer zu lesen als: Soziale Systeme) werden definiert durch die Grenze zwischen System und Umwelt – also nicht durch die systeminterne Unterscheidung zwischen Element und Relation, sondern durch die systemexterne Abgrenzung von der Umwelt. Wesentlich für das System Familie ist es nicht, dass es aus einzelnen Personen als Elementen besteht, sondern dass Prozesse – vorwiegend Kommunikationsprozesse – in ihm anders verlaufen als in der Umwelt, in Außensystemen.

7. Weitere Positionen und Ausblick

- Auch innerhalb des Systems können Subsysteme nur aufgrund der Unterscheidung von System und Umwelt unterschieden werden. Innerhalb der Familie bspw. gibt es die Subsysteme Kinder und Eltern: Aber auch für diese ist es nicht wesentlich, dass sie aus Elementen (z.B. den Kindern) bestehen, sondern dass Kommunikationsprozesse (also Spielregeln, Themen) auf das jeweilige System begrenzt sind: Es gibt Themen, die nur Kinder untereinander besprechen usw.
- Elemente eines System sind in *diesem* nicht mehr weiter teilbare oder auflösbare Teile, sie können aber selbst wieder Systeme sein. Insofern sind auch Personen nicht Teile eines sozialen Systems, sondern selbst wieder psychische oder biologische Systeme. Elemente eines sozialen Systems sind nur die Kommunikationsereignisse – diese werden von den involvierten psychischen Systemen als Handlungen interpretiert. Luhmann unterscheidet also klar zwischen biologischen, psychischen und sozialen Systemen.
- Soziale Systeme sind autopoietisch bzw. selbstreferentiell: sie erzeugen nicht nur die Strukturen, sondern auch ihre Elemente selbst. Wenn sich die Eltern streiten, so führt die Äußerung des Vaters zu einer Äußerung der Mutter, diese wieder zu einer Äußerung des Vaters usw. Das System erzeugt aufgrund seiner Strukturen bestimmte Elemente (Kommunikation) und ist insofern selbstreferentiell (selbstbezüglich), als nur Kommunikationen zu weiteren Kommunikationen führen und zwar nach bestimmten Spielregeln (Strukturen): man bleibt innerhalb der Kommunikationen, innerhalb des Systems.
- Soziale Systeme unterscheiden sich insofern, als sie auf unterschiedliche Art und Weise Komplexität reduzieren. An sich wären ja auf die Äußerung des Vaters unendliche viele Folge-Äußerungen denkbar: Es liegt aber in den Strukturen des Systems begründet (in seinen Spielregeln), dass effektiv nur wenige Äußerungen in der engeren Auswahl stehen, und – so könnte man hinzufügen – es hängt vom psychischen System des je-

7. Weitere Positionen und Ausblick

weiligen Kommunikationspartners ab, welche dieser systemmöglichen Äußerungen auch für ihn „passen". Solche Formen der „Reduktion von Komplexität" werden bspw. durch Mythen, Wissenschaft, Kultur, Familiengeschichte usw. begründet.

Man kann dies auch auf wissenschaftstheoretische Positionen anwenden: Diese sind Systeme, welche sich durch unterschiedliche Formen der „Reduktion von Komplexität" auszeichnen. Für Theorien, die sich an bestimmte wissenschaftstheoretische Positionen orientieren, ist es bezeichnend, dass sie die Vielfalt möglicher Methoden, Sichtweisen und Verfahren auf einige wenige reduzieren – die eben typisch sind für die jeweilige wissenschaftstheoretische Orientierung.

Die Methoden, Sichtweisen, Theorien, die für eine wissenschaftstheoretische Position, also ein Wissenschaftssystem, oder auch für Systeme der Alltagskultur usw. typisch sind, sind im Grunde Möglichkeiten, *Unterschiede* an den Gegenständen wahrzunehmen, also zu beobachten – diesen Gedanken werden wir in ähnlicher Form auch beim Konstruktivismus finden.

Allerdings lässt sich eine Unterscheidung, die in einer Beobachtung verwendet wird, nicht selbst beobachten: Sie ist der „blinde Flick" der Beobachtung, der nur in einer „Beobachtung zweiter Ordnung" wahrgenommen werden kann: So werden z.B. auf der Ebene der wissenschaftstheoretischen Reflexion „blinde Flecken" von Theorien sichtbar. Jedoch weist auch die wissenschaftstheoretische Reflexion im Hinblick au ihre eigenen Unterscheidungen diese „blinde Flecken" auf:

Es gibt demnach keine Erkenntnis – und sei sie noch so abstrakt und philosophisch – , für die sich nicht aus einem anderen Beobachterstandpunkt aus blinde Flecken nachweisen lassen. Es gibt also keine absolute Wahrheit – eine Konsequenz, die Luhmann selbst (zwar ungern) auch für seine systemtheoretischen Überlegungen in Kauf nehmen muss.

7. Weitere Positionen und Ausblick

7.2. Postmoderne

Gerade dies – die These, dass es keine absolute Wahrheit gibt – ist das Hauptanliegen der Philosophie der Postmoderne. *Jean Francois Lyotard* (1987), der wichtigste Vertreter der Philosophie der Postmoderne, entfaltet diesen Gedanken in mehrere Richtungen.

Erstens im Hinblick auf eine konsequente Relativierung der Wissenschaft: Das wissenschaftliche Wissen ist nur *eine* Form des Wissens neben anderen, *ein* Sprachspiel neben anderen, *ein* Diskurstyp neben anderen, der keinerlei Überlegenheit über andere Diskurstypen beanspruchen kann. Es gibt unterschiedliche Formen (Sprachspiele, Diskurse), wie eine Situation beschrieben werden kann, keine kann jedoch beanspruchen, die richtige zu sein, wie Lyotard an diesem leicht nachvollziehbaren Beispiel zeigt: „Ein Paar will sich trennen, Ein Dritter (Richter, Zeuge) beschreibt den Umstand folgendermaßen: x und y werden sich trennen, Der Satz von x ist eine wertende Erklärung: Ich halte es für besser, daß wir uns trennen. Der Satz von y stellt eine pathetische Frage: Was haben wir denn zehn Jahre lang zusammen gemacht." (Lyotard 1987, S. 10) Alle Beteiligten haben Recht, in ihrem Sprachspiel, und sagen die Wahrheit: Wegen der Unvergleichbarkeit der Sprachspiele gibt es aber keine Möglichkeit, dem einen Recht zu geben und dem anderen nicht.

Im Hinblick auf Wissenschaft und Wissenschaftstheorie hat dies zweitens die folgende Konsequenz: Es gibt keinen Grund und keine Begründung, wissenschaftliches Wissen gegenüber anderen Arten des Wissens auszuzeichnen und auch nicht Qualitätsunterschiede zwischen Theorien unterschiedlicher Diskurstypen festzustellen. Unterschiedliche Sprachspiele (z.B. wissenschaftliche oder nicht-wissenschaftliche, die also verschiedenen Diskurstypen ange-

7. Weitere Positionen und Ausblick

hören) sind nicht vergleichbar, sie sind inkommensurabel, es gibt keinen Meta-Diskurs, in dem sich entscheiden ließe, welcher Diskurs der bessere ist. Würde dies nun das endgültige Aus bedeuten für metatheoretische Zielsetzungen, wie sie im Besonderen von der Wissenschaftstheorie verfolgt werden, nämlich sehr wohl die unterschiedliche wissenschaftliche Qualität von Theorien und zwar auch unterschiedlicher Diskurstypen beurteilen zu wollen?

Nein: Vielmehr ist dies eine Aufforderung an die Wissenschaft, sich reflexiv mit ihrem eigenen Status zu beschäftigen, ihre Möglichkeiten und Grenzen zu finden, die Typik ihrer Sprachspiele und Diskurse zu beleuchten, eben im wissenschaftstheoretischen Sinn zu unterscheiden. Dabei geht Lyotard allerdings davon aus, dass es grundsätzlich keinen Konsens geben kann, ein solcher würde eine gültige Meta-Sprache voraussetzen: die Frontstellung zum Ideal des herrschaftsfreien Diskures von Jürgen Habermas ist unübersehbar. Lyotard betont im Gegensatz dazu die Fruchtbarkeit eines Vorgehens, welches Dissonanzen, Paradoxien, Pluralität und eben Dissens aufzuspüren versucht, um so unterschiedliche Diskurse zu analysieren und ihre jeweiligen Diskurstypen und Regelsysteme freizulegen. In wissenschaftstheoretischer Hinsicht kommt dabei zum Ausdruck, was auch der *rote Faden* dieser Einführung ist: Dass wissenschaftliche Theorien von wissenschaftstheoretischen Positionen (Diskurstypen und Sprachspielen) her gesteuert und geregelt werden und dass es zu den Aufgaben des Wissenschaftlers gehört, sich kundig zu machen, welche unterschiedlichen wissenschaftstheoretischen Positionen, also welche wissenschaftlichen Diskurstypen und Regelsysteme es gibt und sich jeweils für die beste Option zu entscheiden.

Doch gerade diesbezüglich scheint es bei Lyotard trotzdem noch eine Fußangel zu geben: Die These der radikalen Pluralität und Inkommensurabilität von Sprachspielen, Wissensformen und Diskurstypen macht es unmöglich, diese zu vergleichen, zu evaluieren und Qualitätskriterien dafür anzugeben. Hier hat Lyotard – das

7. Weitere Positionen und Ausblick

wurde immer wieder festgestellt, auch von erklärten postmodernen Denkern – das Kind buchstäblich mit dem Bade ausgeschüttet. Man könnte sogar sagen: er hat auch *sein* Kind ausgeschüttet, denn auch seine Philosophie ist erkenntnis- und wissenschaftstheoretische Reflexion und würde unter seinen eigenen rigorosen Voraussetzungen sinnlos sein, sich demnach selbst aufheben und ad absurdum führen.

7.3. Radikaler Konstruktivismus

Gerade in dieser Hinsicht scheint der sog. Radikale Konstruktivismus einen Schritt weiter in die richtige Richtung gegangen zu sein und eine Lösung anbieten zu können: Erkenntnisse, Theorien, auch wissenschaftliche, sind *Konstruktionen*, deren Brauchbarkeit und Qualität sich in einem *Anwendungskontext* zeigt. Doch Schritt für Schritt: Der Konstruktivismus bringt eine Weisheit auf den Punkt, die im Alltagsleben und in der Wissenschaft schon längst populär geworden ist, nämlich dass Erkenntnis das Ergebnis menschlicher Konstruktionsleistung ist, eine These, die bereits der Philosoph Immanuel Kant vor mehr als 200 Jahren in den Diksurs der Erkenntnis- und Wissenschaftstheorie eingebracht hat. Kant hat diese seine Entdeckung als Kopernikanische Wende bezeichnet: Ähnlich der Entdeckung des Kopernikus, wonach sich nicht die Sonne um die Erde dreht, sondern die Erde um die Sonne, wird dem erkennenden Menschen im Erkenntnisprozess die wesentliche Rolle zuerkennt: Er erkennt die Außenwelt, nicht indem er sie abbildet, sondern indem er mit den *ihm eigenen Möglichkeiten* eine eigene Wirklichkeit schafft.

Natürlich gibt es Schattierungen, was die Radikalität der kostruktivistischen Positionen betrifft. Einigkeit besteht darüber, dass die menschliche Wahrnehmung, das Denken, Erkennen, Erinnern nicht eine äußere Realität abbildet oder repräsentiert, sondern eine eigene Wirklichkeit erzeugt. Der Knackpunkt ist die Frage, was man sich unter einer *eigenen* Wirklichkeit vorstellen kann und was denn dann die *andere* Wirklichkeit draußen sein soll. Ist die konstruierte Wirklichkeit wirklich eine solipstische, autistische Welt willkürlicher Vorstellungen, Fiktionen und Träume? Wie könnten wir uns dann aber über unsere Konstruktionen austauschen, wenn jeder nur *seine* Welt kennt und sonst keine? Es muss also zumindest eine Wirklichkeit sein, über die wir sprechen können, um sie im Hinblick auf ihre Brauchbarkeit und Effektivität beurteilen können. Fragt sich nur wie.

Jedenfalls verliert die Position des Radikalen Konstruktivismus insofern ihre Radikaltät, wenn wir ihre Grundthese so paraphrasieren, dass es eine Außenwelt gibt (eine Realität an sich) und eine Wirklichkeit, die wir selbst konstruieren, dass uns aber die Außenwelt an sich immer unverfügbar sein wird, wohl aber verfügbar im Medium unserer Wirklichkeitserfahrung, die wir selbst schaffen.

Immerhin bedeutet dies auch, das es keine Wahrheit geben kann, die sich als Übereinstimmung einer Aussage (einer Theorie) mit der Realität an sich definiert: Die Wissenschaftlichkeit einer Theorie kann demnach nicht von einer Wahrheit in diesem Sinne abhängen, auch die Rede von Objektivität wird fraglich. Die Begründung dieser These klingt auch recht einfach und nachvollziehbar: Würde ich annehmen, dass Wahrheit die Übereinstimmung eines Satzes mit der Wirklichkeit an sich ist, so müsste ich, um dies beurteilen zu können, voraussetzen, dass diese Realität an sich ihrerseits sprachlich verfügbar ist, also beschrieben werden kann. Ich kann also immer nur eine sprachlich beschriebene Wirklichkeit mit einer ebenso sprachlich beschriebenen Wirklichkeit vergleichen, aber niemals mit einer nicht sprachlich beschriebenen Realität an sich: Ich komme also aus meiner Sprache – aus dem Horizont, in dem ich Wirklichkeit konstruiere – nicht hinaus.

7. Weitere Positionen und Ausblick

Das bedeutet auch, dass jede Konstruktion von Wirklichkeit nur in den Köpfen der Menschen existieren kann, dass es keine von einem Beobachter unabhängige Beobachtung geben kann. Wobei allerdings der Beobachter während seiner Beobachtung diese Beobachtung selbst nicht beobachten kann, er ist ihr gegenüber blind, es sei denn, er macht die Beobachtung selbst wieder zum Gegenstand einer Beoachtung, einer neuen Beobachtung, einer Beobachtung zweiten Grades. Die Tatsache, dass man sich beim Vollzug einer Beobachtung selbst nicht beobachten kann, ist der blinde Fleck jeder Beobachtung.

Grundlegend für jede Erkenntnis (Beobachtung, Beschreibung, Wahrnehmung, Theorie) ist die Fähigkeit, Unterscheidungen machen zu können. Jede Erkenntnis beruht somit auf den jeweils vorausgesetzten Unterscheidungen (Begriffen, Konzepten), also auf theoretische Möglichkeiten, Wirklichkeit zu konstruieren. Hier setzt nun die Radikalität des Konstruktivismus an: Denn welche Unterscheidungen ich mache, richtet sich nicht nach der Realität an sich, sondern danach, welche *ich* sehen will. Sind aber diese Unterscheidungen willkürlich, subjektiv und beliebig? Nein. Und hier kommen wir auch zur Lösung, welche uns der Konstruktivismus angesichts des Problems, das uns die Postmoderne hinterlassen hat, vorschlagen kann: Wie kann man erkennen, ob eine Konstruktiuon von Wirklichkeit, ein Diskurs, eine Aussage, eine Theorie nicht bloße Fiktion und Illusion ist, sondern angemessen ist? Bzw. lassen sich Theorien unterscheiden bzgl. ihrer Qualität und wie? Auch der Konstruktivismus – und die Postmoderne – benötigt ein Kriterium für die Angemessenheit einer Theorie, ein Qualitätskriterium. Des Rätsels Lösung ist nach Glasersfeld:

"Wissen aus konstruktivistischer Sicht bildet die Welt überhaupt nicht ab, es umfaßt vielmehr Handlungsschemas, Begriffe und Gedanken, und es unterscheidet jene, die es für brauchbar hält von den unbrauchbaren. Mit anderen Worten: Wissen besteht in den

Mitteln und Wegen, die das erkennende Subjekt begrifflich entwickelt hat, um sich an die Welt anzupassen, die es erlaubt." (Glasersfeld 1996, S. 187)

Das Kriterium für die Angemessenheit von Unterscheidungen (Theorien usw.) ist ihre Brauchbarkeit zur Erreichung praktischer Zwecke, ihre "Viabilität":

"Handlungen, Begriffe und begriffliche Operationen sind dann viabel, wenn sie zu den Zwecken oder Beschreibungen passen, für die wir sie benutzen" (ebd., S. 43) Glasersfeld verdeutlicht dies mit der Metapher von Schlüssel und Schloss. "Ein Schlüssel 'passt', wenn er das Schloss aufsperrt. Das Passen beschreibt die Fähigkeit des Schlüssels, nicht aber das Schloss." (ebd-. S. 200)

Das Prinzip der Brauchbarkeit als Kriterium für die Angemessenheit von Erkenntnis gilt nicht nur für die Alltagserkenntnis, sondern auch für die wissenschaftliche: Wissenschaftliche Begriffe, Konzepte, Methoden und Theorien sind im Hinblick auf praktische Zwecke unserer Lebenswelt mehr oder weniger "passend" und "viabel": darin zeigt sich wenn überhaupt ihre Wahrheit.

Was bedeutet dies nun im Hinblick auf die Fragen nach der richtigen wissenschaftstheoretischen Position, wenn wir z.B. an die Erziehungswissenschaft denken? Der Konstruktivismus bietet in der Tat eine wesentliche Bereicherung der Meta-Reflexion der wissenschaftstheoretischen Positionen.

Klar wird nämlich in der Sichtweise des Konstruktivismus, dass wissenschaftstheoretische Positionen und deren Grundkonzepte – bspw. "Verhalten", "Handlung", "Gesellschaft", "System" – nicht Eigenschaften einer Realität an sich sind, die wir dort vorfinden könnten, sondern unsere Konstruktionsmöglichkeiten, theoretische Möglichkeiten, wie wir in unseren erziehungswissenschaftlichen Theorien soziale und erzieherische Realität beschreiben können.

7. Weitere Positionen und Ausblick

Bedeutsam ist weiters der Hinweis, dass diese theoretischen Konstruktionen nur in spezifischen *Handlungszusammenhängen* Sinn machen, und dass sich erziehungswissenschaftliche Theorien, die z.B. auf der verhaltenstheoretischen Position des Kritischen Rationalismus beruhen, nur in ihren praktischen Konsequenzen beurteilen lassen.

Die Ausgangsfrage für die Evaluierung von Theorien auf wissenschaftstheoretischer Ebene ist also immer: Was wollen wir mit einer Theorie bewirken, welche erzieherische Praxis wollen wir?

Deshalb sind die wissenschaftstheoretischen Fragen – und dies soll hier das Finale sein – ja eigentlich *praktische* Fragen.

8. Literaturhinweise

Atlasti (Software zur Unterstützung der Qualitativen Datenanalyse). Verfügbar unter: http://www.atlasti.com (Stand 2010-05-01).

Atteslander, Peter (2000): Methoden der empirischen Sozialforschung. 9., neu bearb. und erw. Aufl. Berlin u.a.: de Gruyter (De-Gruyter-Studienbuch).

Bachmann-Medick, Doris (2009): Cultural turns. Neuorientierungen in den Kulturwissenschaften. Orig.-Ausg., 3., neu bearb. Aufl. Reinbek bei Hamburg: Rowohlt-Taschenbuch-Verl. (Rororo, 55675).

Balzer, Wolfgang (2009): Die Wissenschaft und ihre Methoden. Grundsätze der Wissenschaftstheorie ; ein Lehrbuch. 2., völlig überarb. Aufl. Freiburg im Breisgau u.a.: Alber (Alber Lehrbuch).

Bock, Karin (2010): Handbuch qualitative Methoden in der sozialen Arbeit. Opladen u.a.: Budrich.

Dreier, Volker (2009): Elemente und Perspektiven der modernen Wissenschaftstheorie. Eine Einführung für Soziologen und Politikwissenschaftler. 1. Aufl. Wiesbaden: VS Verlag für Sozialwissenschaften.

Eberhard, Kurt (1987): Einführung in die Erkenntnis- und Wissenschaftstheorie. Geschichte und Praxis der konkurrierenden Erkenntniswege. Stuttgart u.a.: Kohlhammer (Urban-Taschenbücher, 386).

Felt, Ulrike; Nowotny, Helga; Taschwer, Klaus (1995): Wissenschaftsforschung. Eine Einführung. Frankfurt Main u.a.: Campus-Verl. (Reihe Campus, 1086).

Garz, Detlef; Kraimer Klaus (Hrsg.) (1991): Qualitativ-empirische Sozialforschung. Konzepte, Methoden, Analysen. Opladen: Westdeutscher Verlag.

Girtler, Roland (1992): Methoden der qualitativen Sozialforschung. Anleitung zur Feldarbeit. 3., unveränd. Aufl. Wien u.a.: Böhlau (Böhlau-Studien-Bücher).

8. Literaturhinweise

Glasersfeld, Ernst von (2002): Radikaler Konstruktivismus. Ideen, Ergebnisse, Probleme. Frankfurt am Main: Suhrkamp (Suhrkamp Taschenbuch Wissenschaft, 1326).

Heinze, Thomas (2001): Qualitative Sozialforschung. Einführung, Methodologie und Forschungspraxis. München, Wien: Oldenbourg.

Horlebein, Manfred (2009): Wissenschaftstheorie. Grundlagen und Paradigmen der Berufs- und Wirtschaftspädagogik. Baltmannsweiler: Schneider-Verl. Hohengehren (Studientexte Basiscurriculum Berufs- und Wirtschaftspädagogik, 1).

Hug, Theo (2001): Erhebung und Auswertung empirischer Daten – eine Skizze für AnfängerInnen und leicht Fortgeschrittene. In: Hug, Theo (Hrsg.): Wie kommt Wissenschaft zu Wissen? Einführung in die Forschungsmethodik und Forschungspraxis. Bd. 2. Baltmannsweiler: Schneider-Verl. Hohengehren, S. 11-29.

Hug, Theo (Hrsg.) (2001): Wie kommt Wissenschaft zu Wissen? 4 Bände, Baltmannsweiler: Schneider Hohengehren. (auch als CD-ROM).

Hug, Theo; Poscheschnik, Gerald; Lederer, Bernd; Perzy, Anton (2010): Empirisch Forschen. Über die Planung und Umsetzung von Projekten im Studium. Stuttgart: UTB (UTB, 3357: Studieren, aber richtig).

Hug, Theo; Poscheschnik, Gerald; unter Mitarbeit von Bernd Lederer und, Anton Perzy (2010): Empirisch Forschen. Über die Planung und Umsetzung von Projekten im Studium. Stuttgart: UVK (UTB, 3357: Studieren, aber richtig).

Hug, Theo; Niedermair, Klaus (Hrsg): Wissenschaftliches Arbeiten. Handreichung. Innsbruck: Studia Universitätsbuchhandlung 2010

Kaiser, Arnim; Kaiser, Ruth (2001): Studienbuch Pädagogik. Grund- und Prüfungswissen. 10. überarb. Aufl., 1. [Dr.]. Berlin: Cornelsen Scriptor (Studium kompakt).

Kienpointner, Manfred (1996): Vernünftig argumentieren. Regeln und Techniken der Diskussion. Reinbek bei Hamburg: Rowohlt, 1996

König, Eckard; Zedler, Peter (2002): Theorien der Erziehungswissenschaft. Einführung in Grundlagen, Methoden und praktische Konsequenzen. 2. Aufl. Weinheim: Beltz (UTB grosse Reihe, 8219).

Lamnek, Siegfried (2008): Qualitative Sozialforschung. Lehrbuch. 4., vollst. überarb. Aufl., [Nachdr.]. Weinheim: Beltz PVU (Lehrbuch).

Lyotard, Jean-François (1987): Der Widerstreit. München: Fink (Supplemente ; 6)

Mayring, Philipp (1999): Einführung in die qualitative Sozialforschung. Eine Anleitung zu qualitativem Denken. 4. Aufl. Weinheim: Beltz Psychologie-Verl.-Union.

Mayring, Philipp (2008): Die Praxis der Qualitativen Inhaltsanalyse. 2., neu ausgest. Aufl. Weinheim u.a.: Beltz (Pädagogik).

Mayring, Philipp (2008): Qualitative Inhaltsanalyse. Grundlagen und Techniken. 10., neu ausgest. Aufl. Weinheim u.a.: Beltz (Pädagogik).

Meidl, Christian N. (2009): Wissenschaftstheorien für SozialforscherInnen. Wien u.a.: Böhlau [u.a.] (UTB, 3160).

Niedermair, Klaus (2001): Metaphernanalyse. Wie kommt Wissenschaft zu Wissen? Einführung in die Forschungsmethodik und Forschungspraxis. Bd. 2. Baltmannsweiler: Schneider-Verl. Hohengehren, S. 144ff.

Niedermair, Klaus (2010): Recherchieren und dokumentieren. Der richtige Umgang mit Literatur im Studium. Stuttgart: UTB (UTB, 3356: Studieren, aber richtig).

Schurz, Gerhard (2008): Einführung in die Wissenschaftstheorie. 2., durchges. Aufl. Darmstadt: Wiss. Buchges.

Tschamler, Herbert (1996): Wissenschaftstheorie. Eine Einführung für Pädagogen. 3., überarb. u. erw. Aufl. Bad Heilbrunn/Obb.: Klinkhardt.

Whorf, Benjamin Lee (1984): Sprache – Denken – Wirklichkeit, Beiträge zur Metalinguistik und Sprachphilosophie, Reinbek b.H.: Rowohlt.

Wittgenstein, Ludwig (2003): Tractatus logico-philosophicus, Logisch-philosophische Abhandlung. Frankfurt am Main: Suhrkamp.

Wuchterl, Kurt (1999): Methoden der Gegenwartsphilosophie. 3. Aufl. Bern, Stuttgart: Haupt.